Les douces influences de l'Onction

Deuxième Édition

DAG HEWARD-MILLS

Parchment House

Sauf indication contraire, toutes les citations bibliques sont tirées
de la version Louis Segond de la Bible

Copyright © 2013 Dag Heward-Mills

Titre original : *Sweet Influences of the Anointing*
Publié pour la première fois en 2013
par Parchment House

Version française publiée pour la première fois en 2014
par Parchment House
Troisième impression en 2015

Traduit par : Professional Translations, Inc.

Pour savoir plus sur Dag Heward-Mills

Campagne Jésus qui guérit
Écrivez à : evangelist@daghewardmills.org
Site web : www.daghewardmills.org
Facebook : Dag Heward-Mills
Twitter : @EvangelistDag

ISBN : 978-9988-8569-4-6

Table des matières

Chapitre 1

Qu'est-ce qui peut vous influencer ?

Il leur dit cette autre parabole : Le royaume des cieux est semblable à du levain qu'une femme a pris et mis dans trois mesures de farine, jusqu'à ce que la pâte soit toute levée.

Matthieu 13,33

L e levain est une influence imperceptible et cachée qui suscite la pâte et le fait se développer, lever et devenir plus légère. Jésus Christ nous a enseigné que le royaume des Cieux est également sujet à des influences cachées qui affectent tout.

L'influence du levain sur la pâte est à la fois réelle et incroyable. *Pourtant, le levain est invisible quand il œuvre avec puissance.* Les influences invisibles sont réelles. Les influences invisibles sont bonnes ou mauvaises.

La plus grande influence bonne et invisible dans la vie du chrétien est le Saint Esprit ; et ce livre traite de cette influence invisible mais réelle ! Les douces influences du Saint Esprit !

Ce livre est tout simplement une liste des différents domaines dans lesquels nous pouvons nous attendre à l'influence du Saint Esprit. Nous devons le chercher et prier pour le recevoir. L'influence du Saint Esprit est vitale. Elle est très importante à notre survie.

Qu'est-ce qui vous influence ? En tant que ministre, qu'est-ce qui vous influence ? Qu'est-ce qui vous guide et vous fait faire ce que vous faites ? Êtes-vous sous une bonne influence ou sous une mauvaise influence ?

Il y a trois mauvaises influences invisibles qui sont en grande partie inconnues et mal comprises des chrétiens. La première mauvaise influence invisible sur les chrétiens est les démons. La seconde influence invisible sur les chrétiens est le monde ou la terre. La troisième influence invisible est nos sens. Quand les gens ne sont pas sous l'influence du Saint Esprit, ils sont sous l'une de ces trois influences. Donc, ils sont soit terrestres, soit charnels soit diaboliques.

En écrivant aux Galates, l'apôtre Paul les avertit contre les influences invisibles et envahissantes qui affectaient l'église. Il les appelait des levains d'influence. Paul a expliqué l'effet du levain. Il a dit le levain était une sorte de persuasion. Cette influence invisible était si puissante qu'elle pouvait nuire à un chrétien dans son ministère.

Remarquez ce passage de l'Écriture : « Vous couriez bien : qui vous a arrêtés, pour vous empêcher d'obéir à la vérité ? Cette influence ne vient pas de celui qui vous appelle. Un peu de levain fait lever toute la pâte ». (Galates 5,7-9).

Ce livre traite des douces influences du Saint Esprit ! Il vous révèlera les différents domaines de votre vie qui peuvent être touchés par le Saint Esprit. Alors que Dieu vous parle à travers ce livre, vous vous ouvrirez au Saint Esprit. Vous attendrez le Saint Esprit et le laisserez en même temps influencer les différents aspects de votre vie.

Chapitre 2

Trois mauvaises influences

Cette sagesse n'est point celle qui vient d'en haut ; mais elle est terrestre, charnelle, diabolique.

Jacques 3,15

L'effet ultime de la douce influence du Saint Esprit est de faire de vous une personne spirituelle. Le Nouveau Testament fait l'éloge des personnes spirituelles. Les personnes spirituelles sont les personnes les plus importantes d'une église. Mais tout humain a le choix entre quatre options. Il sera soit terrestre, charnel, diabolique ou spirituel.

Les hommes d'affaires sont importants dans le monde des affaires. Les médecins sont importants dans le monde de la santé, mais dans l'église, les hommes spirituels sont ceux qui sont importants. L'apôtre Paul a adressé ses écrits à des hommes spirituels, parce qu'il savait que seuls des gens spirituels sauraient si ce qu'il disait venait de Dieu ou non. « Si quelqu'un pense être prophète ou SPIRITUEL, qu'il reconnaisse que les choses que je vous écris sont le commandement du Seigneur. » (1 Corinthiens 14,37).

Vous devez viser à être une personne spirituelle qui vit sous l'influence du Saint Esprit. Les douces influences du Saint Esprit vous transformeront en personne spirituelle. D'autre part, si vous ne vivez pas sous l'influence du Saint Esprit, vous tomberez certainement sous une autre influence.

Terrestre, charnel ou diabolique !

Vous serez soit sous une influence terrestre, une influence charnelle ou une influence diabolique. Ce n'est pas difficile de reconnaître un homme terrestre, un homme charnel ou une personne diabolique. Nous les voyons tout le temps autour de nous. Au lieu d'être spirituel, beaucoup de chrétiens sont terrestres, charnels ou diaboliques !

À quoi ressemble une personne charnelle ?

Une personne charnelle est gouvernée par ses sens et ses sentiments. Elle suit ses appétits et poursuit tout ce qu'elle voit ou aime. Une personne charnelle mange beaucoup, dort beaucoup, a beaucoup de relations sexuelles et se livre à toute sorte de plaisirs disponibles. Beaucoup de jeunes commencent leur vie en suivant leurs sens. Les discothèques, les boîtes de nuit et les fêtes sont remplies de gens qui passent leur vie à danser et qui suivent leur sensualité à sa conclusion ultime. Les trafiquants de drogue et les toxicomanes sont des hommes qui suivent leurs sens jusqu'à leur propre destruction.

Une personne charnelle a du mal à connaître Dieu, parce que ce n'est pas facile de connaître quelqu'un que vous ne voyez pas.

Une personne charnelle a du mal à connaître Dieu, parce que ce n'est pas facile de connaître quelqu'un qui n'est pas physique. Dieu est esprit.

Une personne charnelle a du mal à connaître Dieu, parce que ce n'est pas facile de connaître quelqu'un qui ne répond pas aux questions ou qui ne parle pas.

Une personne charnelle a du mal à connaître Dieu, parce que ce n'est pas facile de connaître quelqu'un par le biais d'un représentant.

Une personne charnelle a du mal à connaître Dieu, parce que ce n'est pas facile d'imaginer quelqu'un de très différent de vous.

Une personne charnelle a du mal à connaître Dieu, parce que ce n'est pas facile de connaître quelqu'un que vous ne pouvez pas sentir.

Une personne charnelle du mal à connaître Dieu, parce que ce n'est pas facile de connaître quelqu'un dont vous ne pouvez pas entendre la voix.

Une personne charnelle a du mal à connaître Dieu, parce que ce n'est pas facile de connaître quelqu'un que vous n'avez jamais rencontré.

Une personne charnelle a du mal à connaître Dieu, parce que ce n'est pas facile de connaître quelqu'un de mystérieux.

À quoi ressemble une personne terrestre ?

Une personne terrestre a le regard fixé sur cette terre. Beaucoup de gens charnels se métamorphosent en ce qu'ils pensent être une meilleure version d' l'être humain. Ces personnes à l'esprit charnel se transforment tout simplement en personnes à l'esprit terrestre. Une personne terrestre ne pense ni au Paradis ni à l'Enfer. Elle ne voit pas de vie au-delà de cette vie terrestre. Tous ses plans et ses poursuites révèlent la myopie et la cécité pour les choses éternelles. De telles personnes ne pensent pas au jugement, au fait que leurs faits et gestes seront mis en lumière et qu'ils paieront le prix de leurs péchés.

Beaucoup de présidents et premiers ministres qui semblent décents et sont allés à Oxford, Cambridge, Harvard, etc., ont jadis mené une vie de débauche quand ils étaient jeunes, dans la drogue, l'alcool et les cigarettes. Ils se sont tout simplement transformés de gens charnels en gens terrestres. Ils peuvent sembler dignes et éloignés de leurs jours charnels. Mais je vous le dis, beaucoup d'entre eux sont tout simplement plus terrestres que charnels, sans valeurs éternelles.

En tant que chrétien, votre objectif doit être de devenir un homme spirituel. Vous ne devez pas être terrestre, charnel ou diabolique.

À quoi ressemble une personne diabolique ?

Une personne diabolique est quelqu'un de fortement influencé par les mauvais esprits. Tous les non-croyants sont influencés par les mauvais esprits. Cependant, certains non-croyants parlent et agissent sous une plus grande influence des esprits démoniaques.

Beaucoup de gens cessent d'être charnel et terrestre et commencent à chercher d'autres sens à la vie. Malheureusement, ils commencent à trouver les mauvais esprits.

Les chrétiens qui ne sont pas spirituels peuvent s'ouvrir aux influences démoniaques. Chaque fois que vous vous ouvrez aux péchés terrestres et charnels, vous pouvez être exposé à des esprits démoniaques.

À quoi ressemble une personne spirituelle ?

Une personne spirituelle a rompu avec les influences charnelles, les influences terrestres et les influences démoniaques. Pour sûr, une personne spirituelle n'est ni terrestre, ni charnelle ni diabolique.

Une personne spirituelle porte les fruits de l'esprit qui sont la preuve de l'influence à long terme de l'Esprit Saint.

Une personne spirituelle est quelqu'un qui a vécu sous l'influence du Saint Esprit. Après avoir été sous l'influence du Saint Esprit pendant longtemps, vous devenez spirituel.

Une personne spirituelle est donc un chrétien à maturité.

On peut parler à une personne spirituelle d'une façon particulière. Paul dit : « Pour moi, frères, ce n'est pas comme à des hommes spirituels que j'ai pu vous parler, mais comme à des hommes charnels, comme à des enfants en Christ.

Je vous ai donné du lait, non de la nourriture solide, car vous ne pouviez pas la supporter ; et vous ne le pouvez pas même à présent, parce que vous êtes encore charnels. En effet, puisqu'il y a parmi vous de la jalousie et des disputes, n'êtes-vous pas charnels, et ne marchez-vous pas selon l'homme ? » (1 Corinthiens 3,1-3).

En effet, les fruits de l'esprit sont le fruit de la spiritualité. Ce sont le fruit de l'influence à long terme du Saint Esprit. L'amour, la joie, la paix, la patience, la gentillesse, la douceur et l'humilité sont autant de preuves de la spiritualité. Les divisions et les choses charnelles sont la preuve d'influences charnelles, terrestres et démoniaques.

Chapitre 3

Les douces influences du Saint Esprit sur votre connaissance de Dieu

Nous connaissons très peu de choses sur Dieu. Dieu ne peut être vu, mais la preuve qu'Il existe est tout autour de nous. Votre connaissance de Dieu s'approfondit d'une manière très réelle par la présence et la puissance du Saint Esprit. Le Saint Esprit est la clé de votre connaissance de Dieu.

Votre connaissance de la physique, de la chimie ou de la biologie ne dépend pas du Saint Esprit. Votre connaissance de la chimie dépend de votre capacité à saisir les vérités qui vous sont enseignées et expliquées. Plus vous êtes logique, plus vous pouvez comprendre les mathématiques, l'histoire ou la psychologie. Mais vous ne pouvez pas connaître Dieu par la logique ou le raisonnement. Vous connaitrez Dieu grâce à l'aide du Saint Esprit. Vous ne pouvez rien savoir sur Dieu à moins qu'Il ne vous aide. C'est pourquoi vous devez prier pour recevoir l'influence du Saint Esprit à chaque fois que vous lisez la Bible ou écoutez un message. Sans l'influence du Saint Esprit, vous ne comprendrez pas la plupart des choses de la Bible.

Vous souvenez-vous quand Jésus demanda à Pierre : « *Qui dit-on que je suis ?* » Il demanda ensuite à Pierre : « Qui dis-tu que je suis ? » Quand Pierre déclara que Jésus était le Christ, Jésus reconnut que l'Esprit de Dieu invisible avait révélé quelque chose de spécial à Pierre. Il continua de développer une relation plus étroite avec Pierre, parce qu'Il reconnut que Dieu était à l'œuvre en Pierre, lui donnant le genre de connaissance et de compréhension qu'il avait.

Vous voyez, un enfant peut voir des miracles, des guérisons, la résurrection des morts, les démons chassés, la prédication et l'enseignement puissants, mais ne toujours pas connaître Dieu.

N'avez-vous pas remarqué à quel point certains enfants de pasteurs écoutent l'enseignement de la Parole de Dieu pendant des années, mais grandissent et ne croient plus en la Parole de Dieu ? Je connais des enfants de grands pasteurs qui ont déclaré être athées. Ce n'est pas l'enseignement constant et la prédication de la vérité qui transforment une personne. C'est l'influence puissante du Saint Esprit qui adoucit le cœur d'un enfant et le tourne vers Dieu. C'est pourquoi nous prions pour que le Saint Esprit *touche, influence* et *affecte* nos enfants. C'est le Saint Esprit qui adoucit le cœur et leur fait croire en Dieu et L'aimer.

Votre connaissance personnelle de Dieu et le niveau de révélation que vous avez du ministère dépendent entièrement de ce que le Saint Esprit vous aide à connaître. Sans l'influence du Saint Esprit, vous ne saurez et comprendrez que très peu de choses sur Dieu. C'est pourquoi Jésus réagit à la déclaration de Pierre et lui dit : « La chair et le sang ne t'ont pas révélé cela ». En d'autres termes, un être humain ou l'effort humain ne te ferait jamais connaître ou comprendre une révélation aussi grande et spirituelle.

Tout au long de la Bible, l'Écriture dit clairement que c'est le Saint Esprit qui nous fait connaître Dieu, comprendre la Parole de Dieu et connaître la vérité.

Comment le Saint Esprit influence votre connaissance de Dieu

1. *Le Saint Esprit vous guide vers la vérité* : **Sous les douces influences du Saint Esprit, vous êtes conduits à des vérités et réalités quand vous lisez la Bible.**

Quand le consolateur sera venu, l'Esprit de vérité, il vous CONDUIRA DANS TOUTE LA VÉRITÉ ; car il ne parlera pas de lui-même, mais il dira tout ce qu'il aura entendu, et il vous annoncera les choses à venir.

Jean 16,13

2. *Le Saint Esprit vous rappelle* : **Quand vous êtes sous les douces influences du Saint Esprit, Il vous rappelle constamment ce que Jésus a dit.**

   Mais le consolateur, le Saint Esprit, que le Père enverra en mon nom, vous enseignera toutes choses, et VOUS RAPPELLERA TOUT ce que je vous ai dit.

   Jean 14,26

3. *Le Saint Esprit vous enseigne directement :* **Quand vous êtes sous les douces influences du Saint Esprit, Dieu vous enseigne beaucoup de choses directement.**

   Pour vous, l'onction que vous avez reçue de lui demeure en vous, et vous n'avez pas besoin qu'on vous enseigne ; mais comme SON ONCTION VOUS ENSEIGNE toutes choses, et qu'elle est véritable et qu'elle n'est point un mensonge, demeurez en lui selon les enseignements qu'elle vous a donnés.

   1 Jean 2,27

4. *Le Saint Esprit « connait »* : **Quand vous êtes sous les douces influences du Saint Esprit, vous avez une « connaissance » de beaucoup de choses.**

   Pour vous, vous avez reçu l'onction de la part de celui qui est Saint, et vous avez tous de la connaissance.

   1 Jean 2,20

   Il a manifesté Ses voies à Moïse, Ses œuvres aux enfants d'Israël.

   Psaume 103,7

5. *Les ministres de Dieu conduits par le Saint Esprit* : **Quand vous êtes sous les douces influences du Saint Esprit, vous acceptez les messagers, les apôtres, les prophètes et les enseignants oints que Dieu vous a envoyés.**

   Et il a donné les uns comme apôtres, les autres comme prophètes, les autres comme évangélistes, les autres comme pasteurs et docteurs, pour le perfectionnement des saints en vue de l'œuvre du ministère et de l'édification du corps de Christ.

Éphésiens 4,11-12

6. ***La communion du Saint Esprit*** **: Quand vous êtes sous les douces influences du Saint Esprit, vous êtes en constante communion avec le Saint Esprit qui vous enseigne et vous amène à connaître Dieu.**

Que la grâce du Seigneur Jésus Christ, l'amour de Dieu, et LA COMMUNION DU SAINT ESPRIT, soient avec vous tous ! Amen.

2 Corinthiens 13,14

Chapitre 4

Les douces influences du Saint Esprit sur votre vie de prière

Pourquoi vous avez besoin des douces influences du Saint Esprit pour vous aider à prier

1. Vous avez besoin de l'influence du Saint Esprit pour prier, parce que ce n'est pas facile de parler à quelqu'un que vous ne pouvez pas voir.

2. Vous avez besoin de l'influence du Saint Esprit pour prier, parce que ce n'est pas facile de parler à quelqu'un qui ne dit rien en retour.

3. Vous avez besoin de l'influence du Saint Esprit pour prier, parce que vous ne savez pas pour quoi prier.

   De même aussi l'Esprit nous aide dans notre faiblesse, car nous ne savons pas ce qu'il nous convient de demander dans nos prières. Mais l'Esprit lui-même intercède par des soupirs inexprimables.

   Romains 8,26

4. Vous avez besoin de l'influence du Saint Esprit pour prier, parce que votre batterie spirituelle est déchargée quand vous vaquez à votre vie quotidienne. Sous l'influence du Saint Esprit, vous êtes rechargé comme une batterie.

   Celui qui parle en langue s'édifie lui-même ; celui qui prophétise édifie l'Église.

   1 Corinthiens 14,4

5. Vous avez besoin de l'influence du Saint Esprit pour prier, parce qu'autrement la plupart de vos prières seront dirigées par la chair et la folie. Vous avez besoin de l'influence du

Saint Esprit pour prier, parce qu'autrement vos prières seront des répétitions. Quand vous êtes oint pour prier, votre prière est dictée et dirigée par le Saint Esprit (Actes 2,4).

6. Vous avez besoin de l'influence du Saint Esprit pour prier, parce que sans l'onction pour prier, le diable écoute tout ce que vous dites. Mais quand vous priez en langues, les démons ne comprennent pas ce que vous dites.

Recherchez la charité. Aspirez aussi aux dons spirituels, mais surtout à celui de prophétie.

1 Corinthiens 14,1

7. Vous avez besoin de l'influence du Saint Esprit pour prier, parce que grâce à cette influence, vous connaîtrez la pensée de l'Esprit. Quand vous priez en langues, vous pouvez entendre la voix de l'Esprit en interprétant votre prière.

C'est pourquoi, que celui qui parle en langue prie pour avoir le don d'interpréter.

1 Corinthiens 14,13

8. Vous avez besoin de l'influence du Saint Esprit pour prier, parce qu'il est difficile de prier pendant longtemps. Quand vous êtes sous l'influence du Saint Esprit, vous pouvez prier pendant de longues heures comme Jésus.

Vers le matin, pendant qu'il faisait encore très sombre, il se leva, et sortit pour aller dans un lieu désert, où il pria.

Marc 1,35

En ce temps-là, Jésus se rendit sur la montagne pour prier, et il passa toute la nuit à prier Dieu.

Luc 6,12

9. Vous avez besoin de l'influence du Saint Esprit pour prier, parce que votre esprit vagabonde quand vous priez. Sous l'influence du Saint Esprit, vous pouvez parler en langues et à Dieu. Cela vous aide à vous concentrer sur Dieu où que vous soyez.

S'il n'y a point d'interprète, qu'on se taise dans l'église, et QU'ON PARLE A SOI-MEME ET A DIEU.

1 Corinthiens 14,28

10. Vous avez besoin de l'influence du Saint Esprit pour prier, parce que vous n'êtes peut-être pas reconnaissant de nature. Mais quand vous êtes oint pour prier, vous pouvez bien rendre grâces.

Tu rends, il est vrai, d'excellentes actions de grâces, mais l'autre n'est pas édifié.

1 Corinthiens 14,17

Comment le Saint Esprit a influencé la vie de prière des chrétiens

1. **Le Saint Esprit a aidé la faiblesse des croyants en les aidant à prier.**

   De même aussi l'Esprit nous aide dans notre faiblesse, car nous ne savons pas ce qu'il nous convient de demander dans nos prières. Mais l'Esprit lui-même intercède par des soupirs inexprimables.

   Romains 8,26

2. **Quand les disciples dans la chambre haute se trouvèrent sous l'influence du Saint Esprit, ils commencèrent à prier en langues le jour de la Pentecôte.**

   Le jour de la Pentecôte, ils étaient tous ensemble dans le même lieu.

   Tout à coup il vint du ciel un bruit comme celui d'un vent impétueux, et il remplit toute la maison où ils étaient assis. Des langues, semblables à des langues de feu, leur apparurent, séparées les unes des autres, et se posèrent sur chacun d'eux. Et ILS FURENT TOUS REMPLIS DU SAINT ESPRIT, ET SE MIRENT À PARLER EN D'AUTRES LANGUES, SELON QUE L'ESPRIT LEUR DONNAIT DE S'EXPRIMER.

   Actes 2,1-4

3. Quand la maison de Cornélius se trouva sous la douce influence du Saint Esprit, ils commencèrent à prier en langues.

Comme Pierre prononçait encore ces mots, LE SAINT ESPRIT DESCENDIT SUR TOUS ceux qui écoutaient la parole. Tous les fidèles circoncis qui étaient venus avec Pierre furent étonnés de ce que le don du Saint Esprit était aussi répandu sur les païens.

Car ILS LES ENTENDAIENT PARLER EN LANGUES et glorifier Dieu.

Alors Pierre dit :

Peut-on refuser l'eau du baptême à ceux qui ont reçu le Saint Esprit aussi bien que nous ?

Actes 10,44-47

4. Quand les disciples d'Éphèse se trouvèrent sous la douce influence du Saint Esprit, ils commencèrent à prier en langues.

Pendant qu'Apollos était à Corinthe, Paul, après avoir parcouru les hautes provinces de l'Asie, arriva à Éphèse. Ayant rencontré quelques disciples,

Lorsque Paul leur eut imposé les mains, le Saint Esprit vint sur eux, et ils parlaient en langues et prophétisaient. Ils étaient en tout environ douze hommes.

Actes 19,1,6-7

Si vous n'êtes pas sous la douce influence du Saint Esprit, vous serez sous des influences terrestres, charnelles ou diaboliques qui vous amèneront à ne pas prier.

Quand vous ne serez pas sous l'influence du Saint Esprit, vous ne croirez pas à l'importance de la prière. Vous deviendrez des gens sans prière et sans pouvoir.

Vous croirez que vous pouvez résoudre les problèmes en utilisant votre force naturelle, au lieu de vous tourner vers Dieu dans la prière.

Votre vie sera régie par les sens et non par Dieu. C'est parce qu'une personne charnelle mène sa vie en servant les désirs de sa chair et de son esprit. Vous serez trop paresseux pour prier ! Vous aurez tout le temps besoin de nourriture, de repos et de plaisir, et n'aurez donc pas le temps de prier.

Si vous n'êtes pas sous la douce influence du Saint Esprit, vous serez soumis à des influences diaboliques qui vous feront chercher le pouvoir ailleurs. La sorcellerie, les sources occultes et d'autres sources démoniaques deviendront la source de votre pouvoir.

Quand vous vous trouverez sous une influence démoniaque, vous serez opposé à la prière et nierez son pouvoir. C'est parce qu'une influence diabolique vous éloignera de la relation à Dieu par la prière.

La douce influence du Saint Esprit est l'onction pour la prière. C'est la capacité surnaturelle et la grâce donnée au croyant pour prier.

La douce influence de l'onction vous donne la possibilité de parler en langues, parce qu'à chaque fois que l'onction de la prière est tombée sur les gens, ils ont commencé à parler en langues. L'onction pour la prière a été donnée plusieurs fois dans le livre des Actes.

Comment céder aux douces influences du Saint Esprit pour prier

1. **Ouvrez-vous aux douces influences du Saint Esprit en priant en langues et en pensant à ce à quoi vous devez penser.**

Car si je prie en *langue,* mon esprit est en prière, mais mon intelligence demeure stérile.

1 Corinthiens 14,14

2. **Ouvrez-vous aux douces influences du Saint Esprit en priant en langues et en étudiant.**

Car si je prie en langue, mon esprit est en prière, mais mon intelligence demeure stérile.

1 Corinthiens 14,14

3. **Ouvrez-vous aux douces influences du Saint Esprit en priant en langues et en lisant la Bible.**

Car si je prie en *langue*, mon esprit est en prière, mais mon intelligence demeure stérile.

1 Corinthiens 14,14

4. **Ouvrez-vous aux douces influences du Saint Esprit en priant en langues et en lisant d'autres livres.**

Car si je prie en *langue*, mon esprit est en prière, mais mon intelligence demeure stérile.

1 Corinthiens 14,14

5. **Ouvrez-vous aux douces influences du Saint Esprit en priant en langues et en écoutant des CD.**

Car si je prie en *langue*, mon esprit est en prière, mais mon intelligence demeure stérile.

1 Corinthiens 14,14

6. **Ouvrez-vous aux douces influences du Saint Esprit en priant en langues et en regardant des vidéos.**

Car si je prie en *langue*, mon esprit est en prière, mais mon intelligence demeure stérile.

1 Corinthiens 14,14

7. **Ouvrez-vous aux douces influences du Saint Esprit en priant en langues et en vous habillant bien.**

Car si je prie en *langue*, mon esprit est en prière, mais mon intelligence demeure stérile.

1 Corinthiens 14,14

8. **Ouvrez-vous aux douces influences du Saint Esprit en priant en langues et en marchant.**

Car si je prie en *langue*, mon esprit est en prière, mais mon intelligence demeure stérile.

1 Corinthiens 14,14

9. **Ouvrez-vous aux douces influences du Saint Esprit en priant en langues et en travaillant au bureau.**

Car si je prie en langue, mon esprit est en prière, mais mon intelligence demeure stérile.

1 Corinthiens 14,14

10. **Ouvrez-vous aux douces influences du Saint Esprit en priant en langues et en conduisant votre voiture.**

Car si je prie en *langue*, mon esprit est en prière, mais mon intelligence demeure stérile.

1 Corinthiens 14,14

Chapitre 5

Les douces influences de l'onction sur votre capacité à être saint

Sans l'aide du Saint Esprit, vous mènerez votre vie comme toute autre personne sans bornes ni limites. Vous cèderez à la chair et satisferez les convoitises de vos pensées. Les humains qui ne sont pas surnaturellement retenus par le Saint Esprit sont paresseux, méchants, voleurs, des fornicateurs, des sorciers, des ivrognes, des meurtriers et des violeurs.

Il faut une grande puissance surnaturelle pour se détourner du cours de ce monde. Dans notre monde d'aujourd'hui, il est rare d'être chaste ou saint. Il est normal d'être quelqu'un qui a de multiples partenaires sexuels. Vous ne pouvez pas blâmer les gens qui n'ont aucun pouvoir surnaturel pour les aider. La plupart des péchés de la chair sont des crises de naturalité et d'humanité. Ces crises de comportement humain ont créé le monde mauvais dans lequel nous vivons. Par la dépravation, l'égoïsme et l'avidité de l'humanité, une société dure et méchante qu'on appelle le monde a été créée. Paul a dit : nous marchions autrefois selon le train de ce monde, remplis des désirs de la chair et des pensées, comme tout le monde.

Vous étiez morts par vos offenses et par vos péchés, dans lesquels vous marchiez autrefois, selon le train de ce monde, SELON LE PRINCE de la puissance de l'air, de l'esprit qui agit maintenant dans les fils de la rébellion.

Nous tous aussi, nous étions de leur nombre, et nous vivions autrefois selon les convoitises de notre chair, ACCOMPLISSANT LES VOLONTÉS DE LA CHAIR ET DE NOS PENSÉES, et nous étions par nature des enfants de colère, comme les autres.

Éphésiens 2,2-3

Lorsque vous n'êtes pas sous les douces influences du Saint Esprit, vous serez soumis à des influences diaboliques, qui vous feront pratiquer tous les péchés de la chair. C'est pourquoi vous devez vous ouvrir aux influences du Saint Esprit. L'influence du Saint Esprit fera de vous quelqu'un de saint, spécial et différent.

Je n'essaie pas de vous donner les étapes à suivre pour être saint. Je vous informe de ce qui vous arrive quand vous êtes sous l'influence du Saint Esprit. Êtes-vous saint ? Êtes-vous pur ? Êtes-vous immaculé ? Êtes-vous droit ? (Avez-vous des cadavres dans le placard ?) Êtes-vous réel ? Êtes-vous sanctifié ? Si vous êtes l'une de ces choses, alors c'est par le pouvoir et l'influence du Saint Esprit.

Priez pour recevoir le Saint Esprit. Demandez à Dieu que le Saint Esprit vienne vous aider à être saint, sanctifié et pur.

Vous ne pouvez jamais être pur de votre propre force. Vous ne pouvez pas être vierge sans l'aide du Saint Esprit. Voulez-vous arrêter de mener la vie de plénitude charnelle ? Vous avez besoin du Saint Esprit pour vous aider à devenir pur.

Priez pour la venue du Saint Esprit ! Demandez le Saint Esprit ! Il vous aidera ! Vous ne pouvez pas y arriver par vous-même. Vous ne réussirez jamais à être saint, quelle qu'ait été la durée de votre vie chrétienne. Si le Saint Esprit vous laisse un jour, vous deviendrez un homme normal, à votre propre surprise. N'ayez pas confiance en vous-même ou vous aurez honte de vous-même. L'Écriture confirme ces vérités étonnantes.

Comment le Saint Esprit influence votre capacité à être saint

1. **Le Saint Esprit vous permet de résister aux convoitises de la chair.** La douce influence du Saint Esprit vous place sous un pouvoir surnaturel qui vous permet de ne pas accomplir, obéir ou céder aux désirs de votre chair. Sans l'influence du Saint Esprit, vous serez consommé par les désirs violents communs à tous.

Je dis donc : MARCHEZ SELON L'ESPRIT, ET VOUS N'ACCOMPLIREZ PAS LES DÉSIRS de la chair. Car la chair a des désirs contraires à ceux de l'Esprit, et l'Esprit en a de contraires à ceux de la chair ; ils sont opposés entre eux, afin que vous ne fassiez point ce que vous voudriez.

Galates 5,16-17

2. **Le Saint Esprit a une influence sanctifiante.** L'influence du Saint Esprit tend vers la sanctification, la pureté et la sainteté. Attendez-vous à vivre une vie de plus grande pureté, sanctification et sainteté quand vous serez sous la douce influence du Saint Esprit.

Selon la prescience de Dieu le Père, par la SANCTIFICATION DE L'ESPRIT, afin qu'ils deviennent obéissants, et qu'ils participent à l'aspersion du sang de Jésus Christ : que la grâce et la paix vous soient multipliées !

1 Pierre 1,2

Chapitre 6

Les douces influences du Saint Esprit sur votre force spirituelle

Pourquoi vous avez besoin des douces influences du Saint Esprit pour vous donner de la force spirituelle

Vous avez besoin de force surnaturelle à cause de la faiblesse de votre nature. « Comme un père a compassion de ses enfants, L'Éternel a compassion de ceux qui le craignent. Car IL SAIT DE QUOI NOUS SOMMES FORMÉS, Il se souvient que nous sommes poussière » (Psaume 103,13-14). La faiblesse de votre nature vous fait tomber et échouer tout le temps. Vous ne réussissez pas parce que votre nature est faible. Le seul espoir que vous ayez est le Saint Esprit qui fortifiera et donnera de la puissance à votre homme intérieur.

Vous avez besoin de force surnaturelle pour surmonter tous vos ennemis. La force spirituelle est la capacité surnaturelle d'un croyant à surmonter les tentations de ce monde. Sans l'influence du Saint Esprit qui vous rend spirituellement fort, vous ne pourrez pas surmonter la plupart des tentations.

Vous avez besoin de force pour surmonter les défis auxquels est confronté tout chrétien.

Grâce à l'œuvre intérieure du Saint Esprit, vous deviendrez un puissant ministre de l'Évangile. Vous survivrez aux tempêtes cinglantes grâce à l'influence du Saint Esprit. Vous tiendrez debout quand les autres tomberont. Vous vous tiendrez droit quand les autres se courberont.

Comment le Saint Esprit donne de la force

1. **La douce influence du Saint Esprit donne de la force en conférant de la « puissance » à votre homme intérieur.**

Comment le Saint Esprit donne-t-il exactement cette « puissance » à un homme ? Je ne sais pas ! Mais je sais qu'elle est réelle. Il y a quelque chose qui s'appelle « la puissance ». Cette « puissance » est conférée à votre esprit, et vous devenez ensuite de plus en plus fort dans le Seigneur. Priez pour que le Saint Esprit vous fortifie.

À cause de cela, je fléchis les genoux devant le Père, duquel tire son nom toute famille dans les cieux et sur la terre, afin qu'il vous donne, selon la richesse de sa gloire, d'être puissamment FORTIFIÉS PAR SON ESPRIT dans l'homme intérieur.

Éphésiens 3,14-16

2. **La douce influence du Saint Esprit donne de la force quand l'esprit de « puissance » repose sur vous.** C'est une prophétie qui révèle la source de la force de Jésus Christ. Jésus était spirituellement fort. Il a vaincu toutes les tentations qu'Il a rencontrées. Il a détruit les œuvres du diable et a servi la puissance de Dieu avec une grande force. Mais comment est-Il devenu si fort ? L'esprit de « puissance » reposait sur Lui !

L'Esprit de l'Éternel reposera sur lui : Esprit de sagesse et d'intelligence, ESPRIT DE conseil et de FORCE, Esprit de connaissance et de crainte de l'Éternel.

Ésaïe 11,2

Chapitre 7

Les douces influences du Saint Esprit sur votre force physique

L a force vient du culturisme. La force vient quand vous mangez bien et quand vous faites régulièrement de l'exercice. C'est vrai en effet, mais un chrétien doit savoir et croire qu'il y a aussi de la force qui vient du domaine de l'esprit. Un mauvais esprit peut donner à un homme une force surnaturelle qui va bien au-delà de ce qui vient du culturisme ou de l'haltérophilie.

Le Saint Esprit peut aussi donner à une personne une force physique surnaturelle. La Bible est pleine d'exemples d'êtres humains recevant une force surnaturelle du domaine de l'esprit. Quand vous êtes sous l'influence du Saint Esprit, vous recevez la force du Seigneur. C'est pourquoi vous ne vous sentez pas fatigué, faible ou malade quand vous servez sous l'onction. Beaucoup de gens éprouvent les symptômes de leur maladie quand ils ont fini le service et descendent du podium. Parfois, lorsque vous servez sous l'onction du Saint Esprit, tous les symptômes de la maladie disparaissent.

Vous pouvez vous trouver toujours sur le podium quand l'onction du Saint Esprit commence à vous quitter. Le signe du départ du Saint Esprit sera souvent le retour des symptômes de faiblesse ou de maladie que vous aviez ressentis avant que l'onction ne soit venue sur vous pour votre service.

Parfois l'onction vous quittera, et parfois elle reviendra sur vous. À chaque fois que l'onction vous quitte, vous pouvez ressentir des symptômes ou de la faiblesse, mais quand l'onction revient, ces symptômes disparaissent tout simplement. En effet, la force à la fois physique et spirituelle vous est impartie grâce à l'influence de l'Esprit Saint.

Comment exactement devenez-vous physiquement fort quand le Saint Esprit vient sur vous ? La réponse est que je ne sais pas ! Mais je n'ai pas besoin de savoir comment cela se passe.

Tout ce que j'ai besoin de savoir, c'est que la présence du Saint Esprit affecte mon niveau de force physique. Une fois que je suis conscient de cette réalité, je deviens sensible à l'œuvre de l'Esprit Saint.

Six exemples de force physique venant du domaine de l'Esprit

1. **Un mauvais esprit donna à un homme assez de force pour surmonter les sept fils de Scéva.**

   Ceux qui faisaient cela étaient SEPT FILS de Scéva, Juif, l'un des principaux sacrificateurs. L'ESPRIT MALIN leur répondit : Je connais Jésus, et je sais qui est Paul ; mais vous, qui êtes-vous ?

   Et l'homme dans lequel était L'ESPRIT MALIN s'élança sur eux, SE RENDIT MAÎTRE DE TOUS DEUX, et les maltraita de telle sorte qu'ILS S'ENFUIRENT de cette maison nus et blessés.

   Actes 19,14-16

2. **Un esprit impur donna tellement de force au fou de Gadara que personne ne pouvait l'enchaîner.**

   Aussitôt que Jésus fut hors de la barque, il vint au-devant de lui UN HOMME, sortant des sépulcres, et POSSÉDÉ D'UN ESPRIT IMPUR. Cet homme avait sa demeure dans les sépulcres, et PERSONNE NE POUVAIT PLUS LE LIER, même avec une chaîne. Car souvent il avait eu les fers aux pieds et avait été lié de chaînes, mais il avait rompu les chaînes et brisé les fers, et personne n'avait la force de le dompter.

   Marc 5,2-4

3. **Le Saint Esprit donna tellement de force surnaturelle à Samson qu'il tua un lion comme si c'était une chèvre.**

   Samson descendit avec son père et sa mère à Thimna. Lorsqu'ils arrivèrent aux vignes de Thimna, voici, un jeune LION rugissant vint à sa rencontre.

L'ESPRIT DE L'ÉTERNEL SAISIT SAMSON ; et, sans avoir rien à la main, SAMSON DÉCHIRA LE LION COMME ON DÉCHIRE UN CHEVREAU. Il ne dit point à son père et à sa mère ce qu'il avait fait.

Juges 14,5-6

4. **Le Saint Esprit donna à Samson la force surnaturelle de tuer trente hommes à lui tout seul.**

L'ESPRIT DE L'ÉTERNEL LE SAISIT, et il descendit à Askalon. Il y TUA TRENTE HOMMES, prit leurs dépouilles, et donna les vêtements de rechange à ceux qui avaient expliqué l'énigme. Il était enflammé de colère, et il monta à la maison de son père.

Juges 14,19

5. **Le Saint Esprit donna à Samson la force surnaturelle de tuer mille hommes avec une mâchoire.**

Lorsqu'il arriva à Léchi, les Philistins poussèrent des cris à sa rencontre. Alors L'ESPRIT DE L'ÉTERNEL LE SAISIT. Les cordes qu'il avait aux bras devinrent comme du lin brûlé par le feu, et ses liens tombèrent de ses mains. Il trouva une mâchoire d'âne fraîche, il étendit sa main pour la prendre, et il EN TUA MILLE HOMMES.

Juges 15,14-15

6. **Le Saint Esprit donna à Jésus la force surnaturelle de vaincre dans le désert.**

Jésus, rempli du Saint Esprit, revint du Jourdain, et il fut conduit par l'Esprit dans le désert, où il fut tenté par le diable pendant quarante jours.

Luc 4,1-2

Chapitre 8

Les douces influences de l'Onction sur votre degré d'intelligence

Les quatre piliers de l'intelligence

L'intelligence est définie comme la capacité à apprendre, à raisonner et à comprendre. C'est l'aptitude à saisir des vérités, des relations, des faits et des significations.

Les quatre piliers de l'intelligence sont la connaissance, la sagesse, la compréhension et la crainte du Seigneur. Le Saint Esprit influence votre connaissance, votre sagesse, votre compréhension et votre crainte du Seigneur. Tous ces quatre aspects constituent l'intelligence.

De façon étonnante, le Saint Esprit influence directement chacun de ces domaines.

La connaissance est l'information dont vous avez besoin. Elle se compose de faits, de données et de vérités sur n'importe quel sujet. Heureusement, le Saint Esprit est une source de connaissance.

Une grande partie de Son influence est de vous amener à avoir la connaissance. L'ignorance est directement proportionnelle à bien des maux du monde d'aujourd'hui. Moins les gens sont instruits, plus ils sont ignorants, et plus les niveaux de pauvreté, de maladies, de sous-développement, de guerres et de famine sont élevés.

Le Saint Esprit influence votre degré de connaissance

1. **Votre niveau de connaissance est directement influencé par le Saint Esprit, parce que le Saint Esprit est l'esprit de connaissance.**

L'Esprit de L'ÉTERNEL reposera sur lui : Esprit de sagesse et d'intelligence, Esprit de conseil et de force, Esprit de connaissance et de crainte de L'ÉTERNEL.

Ésaïe 11,2

Le Saint Esprit influence votre degré de sagesse

Votre degré de sagesse est directement influencé par le Saint Esprit, parce que le Saint Esprit est l'esprit de sagesse. La sagesse est la capacité à appliquer les connaissances que vous avez. La sagesse est la capacité à appliquer l'expérience que vous avez. La sagesse est la capacité à appliquer le bon sens que vous avez. La sagesse est la capacité à appliquer l'idée que vous avez. La sagesse est la capacité à appliquer la compréhension que vous avez.

De nombreux présidents de nombreux pays sont très instruits. Ils connaissent beaucoup de choses qu'ils ont apprises en chemin de devenir présidents. Beaucoup d'entre eux ont acquis la connaissance dans des écoles comme Oxford, Cambridge, Harvard, etc. Cependant, beaucoup n'ont pas la capacité à appliquer leur connaissance, leur bon sens et leur information dans leur pays. La qualité qui permet à une personne d'utiliser la connaissance qu'il a acquise s'appelle la sagesse. Parfois, c'est comme si la connaissance que ces personnes ont acquise s'évapore quand ils atterrissent à l'aéroport de leur pays d'origine. Heureusement, le Saint Esprit est aussi une source de sagesse. En fait, il s'appelle l'esprit de sagesse.

Afin que le Dieu de notre Seigneur Jésus Christ, le Père de gloire, vous donne un esprit de sagesse et de révélation, dans sa connaissance.

Ephésiens 1,17

Le Saint Esprit influence votre degré de compréhension

La compréhension est la capacité à saisir des vérités. C'est la capacité à comprendre et à interpréter ce qui est dit. Quand quelqu'un n'a pas la capacité à comprendre ou à interpréter le sens de ce que vous avez dit, nous disons que cette personne manque de compréhension. La compréhension est aussi la tendance d'une personne à accepter ou à suivre une opinion. Un homme ayant de la compréhension a la capacité à penser rationnellement et à raisonner.

Heureusement, le Saint Esprit est aussi l'esprit de compréhension. Grâce à l'influence du Saint Esprit, votre capacité à interpréter les affirmations et à raisonner avec d'autres sera plus grande. Par le Saint Esprit, votre capacité à penser rationnellement augmentera et s'améliorera.

Un homme ayant de la compréhension est fortement favorisé dans cette vie et devient beaucoup plus grand qu'un homme sans compréhension.

« Acquiers la sagesse, acquiers l'intelligence ; n'oublie pas les paroles de ma bouche, et ne t'en détourne pas. Ne l'abandonne pas, et elle te gardera ; aime-la, et elle te protégera. Voici le commencement de la sagesse: acquiers la sagesse, et avec tout ce que tu possèdes acquiers l'intelligence.

Exalte-la, et elle t'élèvera ; elle fera ta gloire, si tu l'embrasses ; elle mettra sur ta tête une couronne de grâce, elle t'ornera d'un magnifique diadème » (Proverbes 4,5-9).

Votre degré de compréhension est directement influencé par le Saint Esprit, parce que le Saint Esprit est l'esprit de compréhension.

Qu'il illumine les yeux de votre cœur, pour que vous sachiez quelle est l'espérance qui s'attache à son appel, quelle est la richesse de la gloire de son héritage qu'il réserve aux saints.

Ephésiens 1,18

Le Saint Esprit influence votre crainte du Seigneur

La mesure dans laquelle vous craignez Dieu est directement influencée par le Saint Esprit, parce que le Saint Esprit est l'esprit de la crainte du Seigneur. La crainte du Seigneur est le respect pour le facteur Dieu. Qu'il y ait un Dieu qui régisse les affaires des hommes, c'est une vérité qui sera forte dans les cœurs de tous ceux qui craignent Dieu. Sans la crainte de Dieu, toute connaissance, toute sagesse et toute compréhension ne valent rien. Vous êtes réduit au niveau d'animal parce que vous n'avez pas gardé Dieu dans votre connaissance.

« Comme ils ne se sont pas souciés de connaître Dieu, Dieu les a livrés à leur sens réprouvé, pour commettre des choses indignes » (Romains 1,28).

Si vous avez inventé la fusée, l'ordinateur, le téléphone portable, l'avion et l'hélicoptère et si vous ne croyez pas en Dieu, vous n'êtes pas un sage, mais un imbécile. Votre connaissance, votre sagesse et votre compréhension de ces merveilleuses inventions ne vaudront rien et on vous prendra pour un imbécile.

L'Esprit de L'ÉTERNEL reposera sur lui : Esprit de sagesse et d'intelligence, Esprit de conseil et de force, Esprit de connaissance et de CRAINTE DE L'ÉTERNEL.

Il respirera LA CRAINTE DE L'ÉTERNEL ; Il ne jugera point sur l'apparence, Il ne prononcera point sur un ouï-dire.

Ésaïe 11,2-3,

Comment savoir quand l'influence de l'Onction confère de la sagesse à votre vie

Vous discernerez l'influence du Saint Esprit quand vous sentirez une certaine forme de sagesse. Le genre de sagesse qui vient de l'influence du Saint Esprit est pur, paisible, doux, conciliant, plein de miséricorde et de bons fruits, plein de miséricorde, impartial et dépourvu d'hypocrisie.

Le Saint Esprit vous enseignera qu'il est sage d'être pur. Le Saint Esprit vous enseignera qu'il est sage d'être paisible. Le Saint Esprit vous enseignera qu'il est sage d'être doux. Le Saint Esprit vous enseignera qu'il est sage d'être conciliant. Le Saint Esprit vous enseignera qu'il est sage d'être rempli de bons fruits et de miséricorde. Le Saint Esprit vous enseignera qu'il est sage d'être impartial. Le Saint Esprit vous enseignera qu'il est sage d'être dépourvu d'hypocrisie.

En sentant ce genre de conseil dans la vie, vous reconnaitrez l'influence de l'onction et de l'Esprit Saint.

Comment savoir quand l'influence de l'Onction confère de la connaissance à votre vie

Vous saurez que l'influence du Saint Esprit vous donne de la connaissance, quand la connaissance qui vous vient possède certaines caractéristiques. Le genre de connaissance qui vient de l'influence du Saint Esprit possède certaines caractéristiques. La connaissance qui vient de Dieu confère grâce et paix. La connaissance qui vient de Dieu est utile pour tous les aspects de votre vie et de votre piété. Beaucoup de matières que nous apprenons à l'école ne vous sont pas utiles dans la vie. Beaucoup de choses que nous savons ne nous aident pas à être pieux. Quand le Saint Esprit vous confère de la connaissance, votre intelligence augmente et vous connaissez beaucoup de choses très utiles pour votre vie.

Que la grâce et la paix vous soient multipliées PAR LA CONNAISSANCE de Dieu et de Jésus notre Seigneur !

Comme sa divine puissance nous a donné tout ce qui contribue à la vie et à la piété, AU MOYEN DE LA CONNAISSANCE de celui qui nous a appelés par sa propre gloire et par sa vertu.

2 Pierre 1,2-3

Comment savoir quand l'influence de l'Onction confère de la compréhension dans votre vie

Vous saurez que l'influence du Saint Esprit apporte de la compréhension dans votre vie, quand vous êtes plus enclin à suivre la connaissance de Dieu et les mystères de Dieu.

Quand vous avez plus de compréhension, les mystères de Dieu sont à votre portée. Vous pouvez acquérir de sages conseils.

Que le sage écoute, et il augmentera son savoir, et celui qui est intelligent acquerra de l'habileté.

Proverbes 1,5

Les gens sans compréhension ne peuvent pas acquérir la sagesse. Ils ne peuvent pas comprendre « les sept étapes » du prédicateur. Ils ne peuvent pas lire les livres, parce qu'ils ne peuvent pas les comprendre. Ils ne peuvent pas comprendre les préceptes et les idées les plus simples que le prédicateur ne cesse de partager. Les gens sans compréhension sont tenus à l'écart de certaines réunions. Les gens sans compréhension allongent les réunions et élaborent inutilement sur certains points que tout le monde comprend.

Vous devez être prudent lorsque vous avez affaire à une personne sans compréhension. Elle peut même penser que vous l'insultez ou la maudissez quand vous faites une simple remarque durant une réunion. Les gens sans compréhension se sentent facilement insultés et méprisés. Quelqu'un qui comprend doit comprendre quand il a affaire à un homme sans compréhension.

Comment savoir quand l'influence de l'Onction confère la crainte du Seigneur à votre vie

La crainte du Seigneur est l'esprit de la crainte du Seigneur. Plus vous respectez Dieu et craignez Son rôle dans tout ce que vous faites, plus vous avez l'influence du Saint Esprit en vous. En vous trouvant sous l'influence du Saint Esprit, vous craindrez Dieu de plus en plus et vous aurez peur et serez terrifié qu'Il vous frappe n'importe quand pour n'importe quoi.

Vous reconnaîtrez de plus en plus sa main divine dans les affaires des hommes et vous rejetterez l'idée que les choses fonctionnent par hasard. Avec l'influence du Saint Esprit sur votre crainte de Dieu, vous deviendrez sûr que les principes sont réels, mais que Dieu suspend tous les principes pour s'assurer que Sa volonté soit faite. Vous saurez que Dieu règne.

Chapitre 9

Les douces influences du Saint Esprit sur votre caractère

Mais le FRUIT DE L'ESPRIT, c'est l'amour, la joie, la paix, la patience, la bonté, la bénignité, la fidélité, la douceur, la tempérance ; la loi n'est pas contre ces choses.

Galates 5,22-23

Sous la douce influence du Saint Esprit, vous avez la capacité surnaturelle et la grâce de porter les fruits de l'Esprit. Sans l'influence du Saint Esprit, vous serez un homme ordinaire, plein de cupidité, d'égoïsme, de convoitise, d'impatience, de mécontentement, de suspicion, de méfiance, de mauvaises pensées et d'orgueil.

Sous l'influence du Saint Esprit, vous développez un ensemble complètement différent de traits de caractère. Vous devenez pratiquement quelqu'un d'autre.

Au lieu de convoitise, vous êtes rempli d'amour.

Au lieu de mécontentement, vous êtes rempli de joie et de paix.

Au lieu d'impatience, vous êtes rempli de patience et de douceur.

Au lieu de méchanceté, vous êtes rempli de bonté.

Au lieu de méfiance et de suspicion, vous êtes rempli de foi.

Au lieu de fierté et d'arrogance, vous êtes rempli de douceur et de tempérance.

À l'état naturel, les humains ne sont pas remplis d'amour et de joie, de paix, de patience, de gentillesse, de bonté, de foi, de douceur et de tempérance.

Laissez le Saint Esprit vous influencer et faire ressortir en vous ces merveilleux traits de caractère. Embrassez chaque expérience de la vie comme une occasion donnée par Dieu de porter du fruit.

Pourquoi pensez-vous que personne ne veut vous épouser ? Pourquoi pensez-vous que personne ne veut être avec vous ? Pourquoi pensez-vous que vous ne pouvez pas garder une équipe unie ? L'amour ne périt jamais.

Vous devez laisser le Saint Esprit changer votre caractère et vous rendre agréable. Êtes-vous querelleux ou paisible ? Êtes-vous pénible ou rempli de tempérance ?

Êtes-vous rempli de convoitise ou d'amour ? Êtes-vous sous l'influence du Saint Esprit ou sous une influence charnelle et diabolique ?

Quand la douce influence du Saint Esprit sera forte dans votre vie, vous pourrez attendre le temps de Dieu en toutes choses.

Vous pouvez toujours dire quand quelqu'un a été sous l'influence du Saint Esprit pendant un certain temps. Vous le verrez aux fruits de sa vie. Une personne peut être belle à l'extérieur, ayant des influences terrestres qui lui donnent de belles coiffures, de beaux colliers et un beau maquillage. Mais l'influence du Saint Esprit est nécessaire pour avoir un bon caractère.

Est-ce que le maquillage et les belles robes vous impressionnent ? Alors les influences terrestres et charnelles sur la femme sont à l'œuvre en vous. Est-ce que son amour, sa joie, sa paix et sa douceur vous impressionnent ? Alors les douces influences du Saint Esprit sur la femme vous attirent.

Il est temps de prier dans l'esprit et de vous ouvrir à cette merveilleuse influence d'en haut.

Chapitre 10

Les douces influences du Saint Esprit sur votre capacité à aimer

Or, l'espérance ne trompe point, parce que l'AMOUR DE DIEU EST RÉPANDU dans nos cœurs PAR LE SAINT ESPRIT qui nous a été donné.

Romains 5,5

Le signe clé de votre incapacité à aimer est vos relations et amitiés brisées alors qu'elles auraient dû durer toute la vie ! La plupart des relations que Dieu vous donne sont faites pour durer toute la vie. À cause de votre incapacité à marcher dans l'amour, beaucoup de vos relations ne durent pas très longtemps.

La douce influence du Saint Esprit confère une capacité surnaturelle à marcher dans l'amour et à pardonner. Même si vous êtes né de nouveau, la chair est toujours la même. Sans l'aide du Saint Esprit, vous ne pourrez pas marcher dans l'amour et pardonner sincèrement. Beaucoup de ministres prétendent être fortement oints de la puissance du Saint Esprit, et pourtant ils ne peuvent pas marcher dans l'amour de Dieu.

Faire tomber les gens sous l'Esprit et avoir de puissantes manifestations spirituelles n'est pas la même chose que de marcher dans l'amour. Marcher et œuvrer dans l'amour est un signe clé de la présence de l'Esprit.

Je me souviens d'un pasteur de longue date qui fut si offensé qu'il ne put continuer à être membre de l'église. L'effet de sa blessure était presque palpable comme il bouillonnait de rage et d'indignation. Personne ne pouvait lui parler, personne ne pouvait le conseiller et personne ne pouvait lui faire entendre raison. Ce sont de telles personnes qui me font comprendre comment quelqu'un qui hait son frère est un meurtrier. Vous pouvez pratiquement voir le meurtre dans les yeux de certains pasteurs.

Tout le monde dit : « Je lui ai pardonné et je n'ai aucune rancune contre qui que ce soit ». Mais ils en ont, et cela se voit dans leur vie et leurs actions. Vous ne pouvez pas prétendre être en présence du Saint Esprit si vous ne pouvez pas marcher dans l'amour divin et le pardon.

C'est pourquoi nous avons besoin du Saint Esprit. Il y a un grand amour qui entre dans votre vie par le Saint Esprit. On l'appelle l'amour de l'Esprit (Romains 15,30). Le Saint Esprit déverse l'amour dans votre cœur et vous permet de le pratiquer. Priez pour que le Saint Esprit vienne dans votre vie. Surnaturellement, vous pourrez aimer même l'être le moins digne d'être aimé et pardonné. C'est ce qu'on appelle l'amour de l'Esprit.

Je vous exhorte, frères, par notre Seigneur Jésus Christ et par L'AMOUR DE L'ESPRIT, à combattre avec moi, en adressant à Dieu des prières en ma faveur.

Romains 15,30

Quand vous vous d'approchez d'hommes qui marchent dans le Saint Esprit, vous trouvez souvent l'amour. Souvent, vous ne serez pas impressionné par les grandes vérités qu'ils défendent, mais par le grand amour qu'ils semblent avoir. L'amour est mieux apprécié de près. Comme vous vous approchez d'hommes qui sont sous une véritable onction, vous commencez à éprouver le grand amour qu'ils ont pour Dieu et pour les hommes.

Priez pour recevoir le Saint Esprit. Attendez-vous à ce que Dieu vous donne la force d'aimer et de pardonner. C'est le signe clé de la présence de l'œuvre du Saint Esprit dans votre vie et dans votre ministère.

Chapitre 11

Les douces influences de l'Onction sur le style de votre ministère

Il marchera devant Dieu avec L'ESPRIT ET LA PUISSANCE D'ÉLIE, pour ramener les cœurs des pères vers les enfants, et les rebelles à la sagesse des justes, afin de préparer au Seigneur un peuple bien disposé.

Luc 1,17

Il s'agit d'une prophétie donnée à Zacharie, le père de Jean le Baptiste, à propos de son fils. Dans cette prophétie, il était clair qu'il allait avoir un fils qui marcherait sous la même influence de l'esprit qu'Élie. La prophétie était directe ! Le petit garçon serait influencé par le même Esprit et la même puissance qui influença Élie. Après que Jean le Baptiste ait commencé son ministère, beaucoup sont venus à lui pour recevoir une bénédiction. Mais c'est Jésus qui a fait remarquer que Jean le Baptiste marchait sous la même influence du Saint Esprit qu'Elie. Il dit à ses disciples : « Et, si vous voulez le comprendre, c'est lui qui est l'Élie qui devait venir » (Matthieu 11,14).

Il était clair que Jean le Baptiste suivait une onction spéciale. Cette onction du Saint Esprit sur Elie était la même que celle sur Jean le Baptiste. Que fit cette onction ? Que fit cette influence spéciale du Saint Esprit ? Elle donna naissance à un style de ministère similaire ! De façon étonnante, les similitudes dans le style de ministère sont soigneusement décrites dans les Écritures.

Remarquez, et ne soyez pas surpris, si le Saint Esprit vous donne un ministère qui est semblable à celui de quelqu'un d'autre. N'écoutez pas les arbres stériles qui vous accusent de copier. Ces nuages vides n'ont abouti à rien et ils épouvantent constamment les ministres qui apprennent tout ce qu'ils peuvent de mentors et de pères. Allez-y, apprenez tout ce que vous pouvez ! Si Dieu vous donne un style similaire à celui de quelqu'un que vous aimez, alors acceptez-le et suivez-le ! Vous pouvez être surpris d'être le Jean le Baptiste qui marche sur les traces d'un Élie ! Une fois que quelque chose est soigneusement relaté dans la Bible, vous ne devez pas en avoir peur. Ce dont vous devez avoir peur, ce sont les choses qui ne sont pas dans la Bible. N'ayez pas peur de développer le style de ministère des hommes merveilleux que Dieu a suscités avant vous.

Comment le Saint Esprit a influencé le style de ministère d'Élie

1. Le Saint Esprit a influencé Élie dans son lieu d'habitation.

Il partit et fit selon la parole de L'ÉTERNEL, et il alla s'établir près du torrent de Kerith, qui est en face du Jourdain.

1 Rois 17,5

2. Le Saint Esprit a influencé Élie dans ce qu'il mangeait.

Les corbeaux lui apportaient du pain et de la viande le matin, et du pain et de la viande le soir, et il buvait de l'eau du torrent.

1 Rois 17,6

3. Le Saint Esprit a influencé Élie dans ce qu'il portait.

Ils lui répondirent : C'était un homme vêtu de poil et ayant une ceinture de cuir autour des reins. Et Achazia dit : C'est Élie, le Thischbite.

2 Rois 1,8

4. Le Saint Esprit a influencé Élie pour confronter le roi.

À peine Achab aperçut-il Élie qu'il lui dit : Est-ce toi, qui jettes le trouble en Israël ? Élie répondit : Je ne trouble point Israël ; c'est toi, au contraire, et la maison de ton père, puisque vous avez abandonné les commandements de L'ÉTERNEL et que tu es allé après les Baals.

1 Rois 18,17-18

Achab dit à Élie : M'as-tu trouvé, mon ennemi ? Et il répondit : Je t'ai trouvé, parce que tu t'es vendu pour faire ce qui est mal aux yeux de L'ÉTERNEL.

1 Rois 21,20

5. **Le Saint Esprit a influencé Élie pour confronter les femmes puissantes.**

L'ÉTERNEL parle aussi sur Jézabel, et il dit : Les chiens mangeront Jézabel près du rempart de Jizreel.

1 Rois 21,23

Comment le Saint Esprit a influencé le style de ministère de Jean le Baptiste

1. **Le Saint Esprit a influencé Jean le Baptiste dans son lieu d'habitation.**

C'est la voix de celui qui crie dans le désert : Préparez le chemin du Seigneur, Aplanissez ses sentiers. Jean parut, baptisant dans le désert, et prêchant le baptême de repentance, pour la rémission des péchés.

Marc 1,3-4

2. **Le Saint Esprit a influencé Jean le Baptiste dans ce qu'il mangeait.**

Jean ... se nourrissait de sauterelles et de miel sauvage.

Marc 1,6

3. **Le Saint Esprit a influencé Jean le Baptiste dans ce qu'il portait.**

Jean avait un vêtement de poils de chameau, et une ceinture de cuir autour des reins...

Marc 1,6

4. Le Saint Esprit a influencé Jean le Baptiste pour confronter le roi.

Mais Hérode le tétrarque, étant repris par Jean au sujet d'Hérodias, femme de son frère, et pour toutes les mauvaises actions qu'il avait commises, ajouta encore à toutes les autres celle d'enfermer Jean dans la prison.

Luc 3,19-20

5. Le Saint Esprit a influencé Jean le Baptiste pour confronter les femmes puissantes.

Et que Jean lui disait : Il ne t'est pas permis d'avoir la femme de ton frère. Hérodias était irritée contre Jean, et voulait le faire mourir. Mais elle ne le pouvait.

Marc 6,18-19

Si vous êtes sous la douce influence de l'Esprit, vous aurez un style de ministère qui est du ciel.

Elie était sous l'onction du Saint Esprit, et les douces influences du Saint Esprit changèrent sa personnalité. Sa personnalité lui fit porter des shorts courts, vivre dans le désert et manger des vers. Le Saint Esprit lui fit aussi avoir un ministère de confrontation.

Jean le Baptiste s'est aussi trouvé sous la même influence de l'Esprit. Cette influence et cette onction ont conduit Jean le Baptiste à se comporter de la même façon. Il a aussi vécu dans le désert, et portait des shorts courts. Il se nourrissait de sauterelles et de miel sauvage pour dessert. Quel choc ! Cette similitude entre Jean le Baptiste et Elie peut être attribuée au même genre d'onction qui reposait sur eux deux.

L'alternative est d'avoir un style de ministère qui est terrestre, charnel ou diabolique. Aujourd'hui, la plupart d'entre nous avons adopté le style d'un chef de direction terrestre. Ceux d'entre nous qui prétendent être des hommes de Dieu ressemblent à des dirigeants millionnaires mondains plus qu'à des prophètes bibliques. C'est parce que l'influence terrestre sur nos vies est plus forte que l'influence du Saint Esprit.

Les compositeurs de musique chrétienne d'aujourd'hui ont adopté des styles terrestres, charnels et parfois démoniaques. Les artistes chrétiens sont des chanteurs charnels et ils produisent des chansons charnelles. Notre musique et nos livres sont tellement terrestres qu'ils charment et attirent tout le monde. Au lieu d'avoir honte que nos chansons soient jouées dans les discothèques, nous sommes heureux que notre musique soit populaire dans le monde. L'amour de l'argent, racine de tous les maux, est étroitement lié à l'amour de la popularité et du pouvoir.

Les livres chrétiens et même la prédication chrétienne attirent les masses de ce monde et nous sommes incapables de diagnostiquer que nous sommes plus sous une influence terrestre et charnelle que sous les douces influences du Saint Esprit.

Sous la douce influence du Saint Esprit, l'influence de l'argent et de la popularité, avec son attirance générale, périra.

Une grande partie de la prédication chrétienne n'est pas influencée par le Saint Esprit, mais par cette terre. Les grandes églises sont remplies de chrétiens bébés charnels qui aiment l'argent et tout ce que le monde a à offrir. Vous n'êtes pas susceptible d'entrer dans une église d'aujourd'hui et d'entendre un sermon intitulé : « N'amassez pas de richesses sur terre ». Vous devez plutôt vous attendre à entendre : « Les sept clés pour gagner d'abondantes richesses ».

« Le ciel se chargera de lui-même », disent-ils. « Nous devons avoir une vie abondante ici et maintenant ».

Nous, les ministres de l'Évangile, sommes-nous sous l'influence du Saint Esprit ou sous l'influence du monde ?

Chapitre 12

Les douces influences du Saint Esprit sur les réalisations de votre ministère

Dieu promit à Élisée une double portion de l'onction qui était sur Élie. Il est évident qu'Élisée reçut une double portion de l'onction du Saint Esprit. Parce que l'onction du Saint Esprit sur Élisée était la même que celle sur Élie, ils réalisèrent des choses similaires dans le ministère. Le Saint Esprit n'affecte pas seulement votre style de ministère. Il affecte aussi ce que vous réalisez pour Dieu. De façon étonnante, Élie et Élisée ont tous deux réalisé des choses similaires au nom du Seigneur. L'Écriture est très claire sur cette réalité.

Je crois fermement que toute réalisation d'un homme de Dieu est due à l'influence du Saint Esprit sur sa vie. Si vous souhaitez réaliser ce que quelqu'un a réalisé, vous devez recevoir le Saint Esprit comme lui et vous devez vous placer sous l'influence du Saint Esprit comme lui.

Si vous voulez construire une église comme certains pasteurs l'ont fait, vous devez vous placer sous l'influence du Saint Esprit au même degré et de la même manière comme ils ont fait. C'est simple ! Toute réalisation du ministère est le produit direct de l'influence de l'Esprit Saint.

Comment le Saint Esprit a influencé les réalisations du ministère d'Élie

1. **Le Saint Esprit a influencé Élie pour ressusciter les morts.**

Après ces choses, le fils de la femme, maîtresse de la maison, devint malade, et sa maladie fut si violente qu'il ne resta plus en lui de respiration.

Cette femme dit alors à Élie : Qu'y a-t-il entre moi et toi, homme de Dieu ? Es-tu venu chez moi pour rappeler le souvenir de mon iniquité, et pour faire mourir mon fils ?

Il lui répondit : Donne-moi ton fils. Et il le prit du sein de la femme, le monta dans la chambre haute où il demeurait, et le coucha sur son lit.

Puis il invoqua l'Éternel, et dit : Éternel, mon Dieu, est-ce que tu affligerais, au point de faire mourir son fils, même cette veuve chez qui j'ai été reçu comme un hôte ?

Et il s'étendit trois fois sur l'enfant, invoqua l'Éternel, et dit : Éternel, mon Dieu, je t'en prie, que l'âme de cet enfant revienne au dedans de lui !

L'Éternel écouta la voix d'Élie, et l'âme de l'enfant revint au dedans de lui, et il fut rendu à la vie.

1 Rois 17,17-22

2. Le Saint Esprit a influencé Élie pour empêcher la pluie.

Élie, le Thischbite, l'un des habitants de Galaad, dit à Achab : L'Éternel est vivant, le Dieu d'Israël, dont je suis le serviteur ! il n'y aura ces années-ci ni rosée ni pluie, sinon à ma parole.

1 Rois 17,1

3. Le Saint Esprit a influencé Élie pour servir les veuves.

Élie lui dit : Ne crains point, rentre, fais comme tu as dit. Seulement, prépare-moi d'abord avec cela un petit gâteau, et tu me l'apporteras ; tu en feras ensuite pour toi et pour ton fils.

Car ainsi parle l'Éternel, le Dieu d'Israël : La farine qui est dans le pot ne manquera point et l'huile qui est dans la cruche ne diminuera point, jusqu'au jour où l'Éternel fera tomber de la pluie sur la face du sol.

Elle alla, et elle fit selon la parole d'Élie. Et pendant longtemps elle eut de quoi manger, elle et sa famille, aussi bien qu'Élie.

La farine qui était dans le pot ne manqua point, et l'huile qui était dans la cruche ne diminua point, selon la parole que l'Éternel avait prononcée par Élie.

1 Rois 17,13-16

4. Le Saint Esprit a influencé Élie pour partager les eaux.

Alors Élie prit son manteau, le roula, et en frappa les eaux, qui se partagèrent çà et là, et ils passèrent tous deux à sec.

2 Rois 2,8

Comment le Saint Esprit a influencé les réalisations du ministère d'Élisée

1. Le Saint Esprit a influencé Élisée pour ressusciter les morts.

Lorsque Élisée arriva dans la maison, voici, l'enfant était mort, couché sur son lit.

Élisée entra et ferma la porte sur eux deux, et il pria l'Éternel.

Il monta, et se coucha sur l'enfant ; il mit sa bouche sur sa bouche, ses yeux sur ses yeux, ses mains sur ses mains, et il s'étendit sur lui. Et la chair de l'enfant se réchauffa.

Élisée s'éloigna, alla çà et là par la maison, puis remonta et s'étendit sur l'enfant. Et l'enfant éternua sept fois, et il ouvrit les yeux.

2 Rois 4,32-35

2. Le Saint Esprit a influencé Élisée pour empêcher la pluie.

Car ainsi parle l'Éternel : Vous n'apercevrez point de vent et vous ne verrez point de pluie, et cette vallée se remplira d'eau, et vous boirez, vous, vos troupeaux et votre bétail.

2 Rois 3,17

3. Le Saint Esprit a influencé Élisée pour servir les veuves.

Élisée lui dit : A cette même époque, l'année prochaine, tu embrasseras un fils. Et elle dit : Non ! Mon seigneur, homme de Dieu, ne trompe pas ta servante !

Cette femme devint enceinte, et elle enfanta un fils à la même époque, l'année suivante, comme Élisée lui avait dit.

2 Rois 4,16-17

4. Le Saint Esprit a influencé Élisée pour partager les eaux.

Il prit le manteau qu'Élie avait laissé tomber, et il en frappa les eaux, et dit : Où est l'Éternel, le Dieu d'Élie ? Lui aussi, il frappa les eaux, qui se partagèrent çà et là, et Élisée passa.

2 Rois 2,14

Chapitre 13

Les douces influences de l'Onction sur l'accent de votre ministère

Mais vous recevrez une puissance, LE SAINT ESPRIT survenant sur vous, et VOUS SEREZ MES TÉMOINS à Jérusalem, dans toute la Judée, dans la Samarie, et jusqu'aux extrémités de la terre.

Actes 1,8

L es ministres de l'Évangile mettent l'accent sur des choses différentes. Vous n'avez qu'à allumer votre télé pour découvrir les différentes choses sur lesquelles nous mettons tous l'accent. D'où viennent tous ces différents accents et qu'est-ce qui les inspire ?

Le passage scripturaire ci-dessus révèle que lorsque le Saint Esprit vient sur les croyants, ils sont influencés pour devenir des témoins pour le reste du monde.

Quand le Saint Esprit viendra sur vous, vous serez influencé pour mettre l'accent sur le fait de gagner les âmes, sur le témoignage et l'évangélisation. Le Saint Esprit n'a pas changé ! Dieu n'a pas changé ! Et Jésus n'a pas changé ! Quand le Saint Esprit tomba sur l'église primitive, le résultat fut qu'ils devinrent témoins dans le monde entier ! Si ce même esprit tombe sur l'église chrétienne d'aujourd'hui, le résultat sera qu'ils deviendront témoins dans le monde entier.

On peut se demander : « Quel esprit est tombé sur l'église d'aujourd'hui ? » C'est un esprit qui a conduit l'église à l'introspection, au souci de l'argent et au matérialisme ! Est-ce le Saint Esprit ? Je ne pense pas ! Parce que quand le Saint Esprit tomba sur l'église primitive, il les fit tout quitter et aller dans le monde entier pour l'Évangile.

Je pense que l'esprit qui domine la congrégation est l'esprit du monde et non pas le Saint Esprit. L'esprit du monde pousse les gens à devenir plus établis dans ce monde. C'est l'esprit qui anime la prédication et l'enseignement matérialistes d'aujourd'hui. Si vous vous placez sous l'influence du Saint Esprit, vous ne serez ni de ce monde ni matérialiste.

Or nous, nous n'avons pas reçu L'ESPRIT DU MONDE, mais l'Esprit qui vient de Dieu, afin que nous connaissions les choses que Dieu nous a données par sa grâce.

1 Corinthiens 2,12

Je pense aussi que l'esprit qui domine de nombreux ministres parmi nous est l'esprit de Balaam. L'esprit de Balaam est un genre commun d'onction que l'on trouve chez les ministres aujourd'hui. C'est un mélange déconcertant de dons spirituels et d'amour de l'argent. Ces ministres ont des dons authentiques merveilleux qui attirent les foules et bénissent des milliers. De façon étonnante, ces personnes très douées ont également un amour de l'argent, de la popularité et du pouvoir faciles à voir.

L'influence de l'esprit de Balaam et l'influence de l'esprit du monde ont remplacé l'influence du Saint Esprit dans l'Église aujourd'hui. Ceci est facile à voir d'après ce sur quoi nous mettons l'accent dans nos ministères. Priez pour l'influence du Saint Esprit dans votre vie et votre ministère.

Chapitre 14

Les douces influences du Saint Esprit sur les yeux de votre cœur

Afin que le Dieu de notre Seigneur Jésus Christ, le Père de gloire, vous donne un esprit de sagesse et de révélation, dans sa connaissance,

Et qu'Il illumine LES YEUX DE VOTRE CŒUR, pour que vous sachiez quelle est l'espérance qui s'attache à Son appel, quelle est la richesse de la gloire de Son héritage qu'Il réserve aux saints, et quelle est envers nous qui croyons l'infinie grandeur de Sa puissance.

Ephésiens 1,17-19

«**L**es yeux du cœur» existent ! Votre cœur ou votre esprit a des yeux. Ce sont ces yeux qui ont la capacité de voir les choses spirituelles comme les visions et les rêves. Quand vos yeux spirituels sont fermés, vous n'avez jamais de rêves ou de visions. Mais quand ils sont ouverts, vous faites l'expérience de visions pour votre vie, des visions de direction et des rêves importants qui vous guident dans votre ministère.

L'un des effets les plus immédiats de la présence du Saint Esprit est les visions et les rêves. Rappelez-vous que c'est la prophétie directe du prophète Joël que les rêves et les visions commenceraient avec le Saint Esprit. Considérons cinq effets puissants du Saint Esprit sur les yeux de votre cœur. L'Écriture prouve que tous ces effets sur les yeux de votre cœur sont les influences directes de l'Esprit Saint.

1. Sous les douces influences du Saint Esprit, vos yeux verront votre vraie condition.

Je te conseille d'acheter de moi de l'or éprouvé par le feu, afin que tu deviennes riche, et des vêtements blancs, afin que tu sois vêtu et que la honte de ta nudité ne paraisse pas, et un collyre pour OINDRE TES YEUX, afin que tu voies.

Révélation 3,18

Quand vos yeux ne sont pas oints, vous vous faites des illusions sur qui vous êtes et sur votre grandeur. Quand les yeux de votre cœur sont oints par les influences de l'Esprit, vous verrez votre état de nudité.

Vous ne vous direz plus riche quand vous êtes en fait pauvre et affligé. Sous l'influence de l'esprit d'orgueil, vous ne verrez jamais de mal en vous. Quand vous êtes sous l'influence des mauvais esprits, vous argumenterez constamment que vous avez raison.

Mais quand le Saint Esprit viendra sur vous, Il vous fera découvrir votre véritable état de misère.

Commencez à demander des yeux oints pour voir et connaitre la vérité sur vous-même. C'est facile pour moi de reconnaitre les gens ayant des mauvais esprits : ils n'admettent jamais qu'ils ont fait quelque chose de mal. C'est facile pour une personne spirituelle de voir les mauvais esprits chez ceux qui ne cèdent jamais, qui ne sont jamais d'accord, qui ne disent jamais oui, qui ne disent jamais non, qui ne saluent jamais, qui ne suivent jamais les autres et ne comprennent jamais rien.

2. **Les douces influences du Saint Esprit sur les yeux de votre cœur vous amèneront à avoir des visions sur l'espérance de votre appel.**

Sous l'influence de l'Esprit, vous avez des visions sur l'espérance de votre appel. Vous avez des visions des richesses spirituelles de la gloire que vous possédez. Vous connaissez aussi la grandeur de la puissance de Dieu qui est dirigée vers vous.

Quand *l'esprit du monde est sur vous,* vous avez des visions de vos espérances dans le monde des affaires et des richesses. Quand l'esprit du monde est sur vous, vous avez des visions des richesses terrestres que vous pourriez avoir. Vous êtes rempli du désir de puissance terrestre. Priez pour être sous la douce influence du Saint Esprit.

3. **Les douces influences du Saint Esprit sur les yeux de votre cœur vous amèneront à avoir des rêves significatifs.**

Dans les derniers jours, dit Dieu, je répandrai de mon Esprit sur toute chair ; vos fils et vos filles prophétiseront, VOS JEUNES GENS AURONT DES VISIONS, et vos vieillards auront des songes.

Oui, sur mes serviteurs et sur mes servantes, dans ces jours-là, je répandrai de mon Esprit ; et ils prophétiseront.

Actes 2,17-18

Quand vous n'êtes pas oint par le Saint Esprit, vous n'aurez pas de rêves. Même si vous faites un rêve, votre rêve viendra d'une multitude d'affaires. « Car, si les songes naissent de la multitude des occupations, la voix de l'insensé se fait entendre dans la multitude des paroles » (Ecclésiaste 5,3).

Selon la Bible, quand les gens reçurent le Saint Esprit, ils commencèrent à avoir des rêves. C'est pourquoi rêver est considéré comme une capacité qui vient de l'onction. Dieu a toujours parlé aux hommes à travers les rêves.

Grâce à l'influence du Saint Esprit, Dieu fera Ses plus grands actes de miséricorde dans votre vie. Le plus grand acte de miséricorde dans ce monde est venu à travers les rêves de Joseph. Attendez-vous à ce que de grands actes de miséricorde viennent dans votre vie par l'influence du Saint Esprit. Il y aura une vague de bénédictions dans votre vie quand le Saint Esprit vous influencera.

La naissance de Jésus Christ et la direction surnaturelle de Joseph sont venues par l'influence de l'Esprit Saint.

Par l'influence du Saint Esprit, vous aurez des rêves qui donneront un sens à votre vie.

Sans l'influence de l'esprit, vous ne ferez jamais de rêves, vous n'aurez jamais de visions et vous n'aurez jamais de direction !

Sans visions, vous manquerez la direction du Seigneur ! Comme c'est dangereux !

4. Les douces influences du Saint Esprit sur les yeux de votre cœur vous amèneront à interpréter les rêves.

En dernier lieu, se présenta devant moi Daniel, nommé Beltschatsar d'après le nom de mon dieu, et qui a en lui l'esprit des dieux saints. Je lui dis le songe :

Beltschatsar, chef des magiciens, qui as en toi, je le sais, L'ESPRIT DES DIEUX SAINTS, et pour qui aucun secret n'est difficile, donne-moi l'explication des visions que j'ai eues en songe.

Daniel 4,8-9

Daniel comprenait les rêves grâce à l'influence du Saint Esprit dans sa vie. Belshazzar, le roi incroyant, savait que Daniel pouvait comprendre les rêves grâce à un esprit que Daniel semblait avoir. Belshazzar ne connaissait pas le Saint Esprit, mais il savait qu'il y avait un esprit qui influençait Daniel et lui permettait d'interpréter les visions et les rêves. Comme il ne connaissait pas le doux Esprit Saint, il L'appelait *l'esprit des dieux saints* !

5. Les douces influences du Saint Esprit sur les yeux de votre cœur vous amèneront à commencer à avoir des visions comme Ezéchiel.

L'esprit m'enleva, et me transporta en Chaldée auprès des captifs, en VISION PAR L'ESPRIT DE DIEU ; et la vision que j'avais eue disparut au-dessus de moi.

Ezéchiel 11,24

6. Sous les douces influences du Saint Esprit, vous ne mépriserez pas ce que vous voyez avec les yeux de votre cœur.

N'éteignez pas l'Esprit.

1 Thessaloniciens 5,19

Sous l'influence du Saint Esprit, vous ne mépriserez pas les rêves du Saint Esprit. Respectez le Saint Esprit en écrivant immédiatement les rêves et visions. Respectez le Saint Esprit en écrivant immédiatement vos rêves. Ne négligez pas la moindre sorte de rêve ou de vision.

La première vision de Jérémie fut une branche. La seconde fut une marmite bouillante. La plupart des gens auraient méprisé ces visions ridicules comme étant le fruit de l'imagination : « La parole de l'Éternel me fut adressée, en ces mots : Que vois-tu, Jérémie ? Je répondis : Je vois une branche d'amandier. Et l'Éternel me dit : Tu as bien vu ; car je veille sur ma parole, pour l'exécuter » (Jérémie 1,11-12). Sous l'influence du Saint Esprit, Jérémie crut qu'il y avait quelque chose d'important dans cette petite vision.

Soyez ouvert au fait que vous allez faire des erreurs avec vos rêves et visions. Tout ne sera pas correct et tout ne sera pas juste. Il est difficile d'accepter que certains de vos rêves et visions sont en fait des erreurs.

Mais examinez toutes choses ; retenez ce qui est bon.

1 Thessaloniciens 5,21

Chapitre 15

Les douces influences du Saint Esprit sur vos paroles

Dans le monde chrétien, nous appelons les discours inspirés des « paroles prophétiques ». La prophétie est quand une personne parle sous l'inspiration.

Sans l'influence du Saint Esprit, vous serez terne et sans intérêt. Vos conférences ennuyeuses endormiront tout le monde et vos auditeurs prieront avec ferveur pour la fin de votre sermon. Ils désireront être loin de vous, parce que vous n'êtes ni inspiré ni excitant.

Seul le Saint Esprit peut vous donner l'inspiration nécessaire. Sous les douces influences du Saint Esprit, vous serez inspirés pour enseigner, prêcher et vivre dans la volonté de Dieu.

Comme nous avons besoin de la douce influence du Saint Esprit ! Sans les douces influences du Saint Esprit, notre discours sera sous l'inspiration d'idées terrestres. Demandez le Saint Esprit. Priez pour recevoir le Saint Esprit. Vous serez inspiré. Vos paroles ne seront pas rejetées. Les gens ne dormiront pas quand vous parlerez. Les hommes changeront quand ils écouteront vos paroles inspirées.

La plupart des gens parlent sous l'inspiration d'autres esprits. Ils peuvent parler sous une inspiration terrestre, charnelle ou diabolique. Mais vous devez être sous la douce influence du Saint Esprit.

Sans la douce influence du Saint Esprit, vous pouvez être en danger de parler sous l'inspiration diabolique de l'amertume, de la jalousie ou de la haine.

Beaucoup d'hommes politiques parlent sous une influence et une inspiration démoniaques. Ils incitent à la guerre, à la vengeance et à la haine par leurs discours démoniaques et sombres. Lisez des choses sur le Rwanda, et vous découvrirez comment les influences démoniaques sur les dirigeants ont inspiré les assassinats collectifs. Si vous écoutez les discours d'Hitler, vous entendez sans cesse la voix de Satan. Les acolytes d'Hitler étaient aussi remplis de l'esprit de Satan. Vous pouvez voir et sentir le mal, la méchanceté, la tromperie, la cruauté, le manque de pitié, la vengeance et le meurtre dans leurs paroles mêmes. Quel esprit inspire vos messages ?

1. **Quand les serviteurs et les servantes se sont trouvés sous la douce influence du Saint Esprit, ils se mirent à prophétiser et à parler sous son inspiration.**

Dans les derniers jours, dit Dieu, je répandrai de MON ESPRIT sur toute chair ; VOS FILS ET VOS FILLES PROPHÉTISERONT, vos jeunes gens auront des visions, et vos vieillards auront des songes.

Oui, sur mes serviteurs et sur mes servantes, dans ces jours-là, je répandrai de mon esprit ; et ILS PROPHÉTISERONT.

Actes 2,17-18

2. **Quand les disciples d'Éphèse se trouvèrent sous la douce influence du Saint Esprit, ils devinrent inspirés et prophétisèrent.**

Lorsque Paul leur eut imposé les mains, LE SAINT ESPRIT VINT sur eux, et ils parlaient en langues et PROPHÉTISAIENT. Ils étaient en tout environ douze hommes.

Actes 19,6-7

3. **Quand Zacharie se trouva sous la douce influence du Saint Esprit, il se mit à prophétiser et à prononcer des paroles merveilleuses qui ont été écrites pour des milliers d'années.**

ZACHARIE, son père, FUT REMPLI DU SAINT ESPRIT, ET IL PROPHÉTISA, en ces mots : Béni soit le Seigneur, le Dieu d'Israël, de ce qu'il a visité et racheté son peuple,

Et nous a suscité un puissant Sauveur dans la maison de David, son serviteur.

Luc 1,67-69

4. Quand Jachaziel, fils de Zacharie, se trouva sous la douce influence du Saint Esprit, il prononça des paroles qui inspirèrent les Israélites à se lever et à combattre pour Dieu

Alors L'ESPRIT DE L'ÉTERNEL SAISIT au milieu de l'assemblée JACHAZIEL, fils de Zacharie, fils de Benaja, fils de Jeïel, fils de Matthania, Lévite, d'entre les fils d'Asaph. Et Jachaziel dit : Soyez attentifs, tout Juda et habitants de Jérusalem, et toi, roi Josaphat ! Ainsi vous parle l'Éternel : Ne craignez point et ne vous effrayez point devant cette multitude nombreuse, car ce ne sera pas vous qui combattrez, ce sera Dieu.

Demain, descendez contre eux ; ils vont monter par la colline de Tsits, et vous les trouverez à l'extrémité de la vallée, en face du désert de Jeruel.

Vous n'aurez point à combattre en cette affaire : présentez-vous, tenez-vous là, et vous verrez la délivrance que L'ÉTERNEL vous accordera. Juda et Jérusalem, ne craignez point et ne vous effrayez point, demain, sortez à leur rencontre, et L'ÉTERNEL sera avec vous !

2 Chroniques 20,14-17

Chapitre 16

Les douces influences du Saint Esprit sur votre charisme

Le charisme veut dire la grâce et la beauté. Grâce à l'influence du Saint Esprit, vous devenez charismatique. Cela signifie que vous devenez gracieux et beau. Voulez-vous être gracieux ? Voulez-vous être beau ? Voulez-vous attirer les gens que Dieu a appelés ? Alors vous devez être sous l'influence du Saint Esprit et devenir charismatique

Charis **veut dire grâce.**

Charisma **veut dire manifestation de la grâce.**

Charismata **veut dire de multiples manifestations de la grâce.**

Une personne charismatique est une personne douée et inspirée. Elle reçoit de multiples manifestations de grâce et de beauté. Cela lui donne un attrait magnétique. C'est cet attrait magnétique qui pousse les gens à l'écouter. Le Saint Esprit pousse les gens à aider et soutenir une personne charismatique.

Quand vous êtes un serviteur du Seigneur, c'est l'influence de l'esprit qui vous rend attrayant. Ce ne sont pas votre apparence, vos habits, votre éducation ou votre taille qui attirent les gens à vous. C'est l'influence du Saint Esprit qui vous rend attrayant et donne envie aux gens de vous écouter.

Dans le ministère, ce sont vos dons qui attirent les masses. La plupart des gens ne sont pas doués et n'ont rien à offrir. Le Saint Esprit est le porteur de dons. Plusieurs dons vous viennent quand vous êtes sous l'influence de l'Esprit. On les appelle parfois des manifestations. Ce sont ces multiples manifestations variées du Saint Esprit qui vous rendent gracieux et beau.

1. **Quand un ministre se met sous la douce influence du Saint Esprit, il a diverses manifestations de dons dans sa vie.**

    Or, à chacun LA MANIFESTATION DE L'ESPRIT est donnée pour l'utilité commune. En effet, À L'UN EST DONNÉE PAR L'ESPRIT une parole de sagesse ; à un autre, une parole de connaissance, selon le même Esprit ; à un autre, la foi, par le même Esprit ; à un autre, le don des guérisons, par le même Esprit ; à un autre, le don d'opérer des miracles ; à un autre, la prophétie ; à un autre, le discernement des esprits ; à un autre, la diversité des langues ; à un autre, l'interprétation des langues.

    Un seul et même Esprit opère toutes ces choses, les distribuant à chacun en particulier comme il veut.

    1 Corinthiens 12,7-11

2. **Quand un ministre se met sous la douce influence du Saint Esprit, il a une sagesse surnaturelle.**

    Les huissiers répondirent : Jamais homme n'a parlé comme cet homme.

    Jean 7,46

3. **Quand un ministre se met sous la douce influence du Saint Esprit, il a une connaissance surnaturelle.**

    Va, lui dit Jésus, appelle ton mari, et viens ici. La femme répondit : Je n'ai point de mari. Jésus lui dit : Tu as eu raison de dire: Je n'ai point de mari. Car tu as eu cinq maris, et celui que tu as maintenant n'est pas ton mari. En cela tu as dit vrai. Seigneur, lui dit la femme, je vois que tu es prophète.

    Jean 4,16-19

4. **Quand un ministre se met sous la douce influence du Saint Esprit, il a une capacité surnaturelle à discerner les esprits.**

    Mais Jésus, se retournant et regardant ses disciples, réprimanda Pierre, et dit : Arrière de moi, Satan ! Car tu ne conçois pas les choses de Dieu, tu n'as que des pensées humaines.

Marc 8,33

5. **Quand un ministre se met sous la douce influence du Saint Esprit, il a une capacité surnaturelle à exercer la foi.**

Pendant qu'ils naviguaient, Jésus s'endormit. Un tourbillon fondit sur le lac, la barque se remplissait d'eau, et ils étaient en péril.

Ils s'approchèrent et le réveillèrent, en disant : Maître, maître, nous périssons ! S'étant réveillé, il menaça le vent et les flots, qui s'apaisèrent, et le calme revint.

Luc 8,23-24

6. **Quand un ministre se met sous la douce influence du Saint Esprit, il a un don surnaturel de guérison.**

Lorsqu'il fut près de la porte de la ville, voici, on portait en terre un mort, fils unique de sa mère, qui était veuve ; et il y avait avec elle beaucoup de gens de la ville.

Le Seigneur, l'ayant vue, fut ému de compassion pour elle, et lui dit : Ne pleure pas !

Il s'approcha, et toucha le cercueil. Ceux qui le portaient s'arrêtèrent. Il dit : Jeune homme, je te le dis, lève-toi !

Et le mort s'assit, et se mit à parler. Jésus le rendit à sa mère.

Luc 7,12-15

7. **Quand un ministre se met sous la douce influence du Saint Esprit, il a une capacité surnaturelle à parler en langues et à les interpréter.**

Chapitre 17

Les douces influences du Saint Esprit pour vous assurer

Et celui qui nous affermit avec vous en Christ, et qui nous a oints, c'est Dieu, Lequel nous a aussi marqués d'un sceau et a mis dans nos cœurs les ARRHES DE L'ESPRIT.

2 Corinthiens 1,21-22

1. Dieu vous assure de Son approbation par la présence du Saint Esprit.

La présence du Saint Esprit dans votre vie est une garantie et une assurance supplémentaire de Son approbation sur votre vie. Lisez-le pour vous-même : la présence du Saint Esprit est la garantie, le sceau, la promesse et l'assurance dont vous avez besoin. Dieu nous a laissé le Saint Esprit pour qu'Il soit présent dans tout ce que nous faisons. Sa présence est censée nous donner de l'assurance et nous calmer. Sa présence est censée être une garantie qui nous donne de l'assurance dans ce que nous faisons. « Et celui qui nous a formés pour cela, c'est Dieu, qui nous a donné les ARRHES DE L'ESPRIT » (2 Corinthiens 5,5).

Êtes-vous approuvé ? Est-ce que Dieu vous aime ? Dieu est-il content de vous ? Est-il satisfait de vos chansons ? Est-ce que Dieu est d'accord avec tout ce que vous faites ? Vous avez besoin d'assurance, n'est-ce pas ? Cette assurance vient de la présence du Saint Esprit. L'influence du Saint Esprit vous calmera et vous rassurera quand vous n'êtes pas sûr si vous marchez dans Sa volonté.

Pourquoi votre prospérité financière vous donne-t-elle de l'assurance ? Où avez-vous lu cela ? Où apprenez-vous ce genre de choses ? Êtes-vous maintenant instruit par le système du monde ? Comment se fait-il que vous considéreriez votre situation financière, votre nouvel emploi, votre voiture et votre maison pour vous donner l'assurance que Dieu est avec vous ?

Quand ces choses sont-elles devenues votre garantie ? Le Saint Esprit, et non une possession terrestre, est la garantie.

C'est parce que vous êtes un homme charnel opérant sous une influence terrestre que les choses terrestres vous assurent de l'amour de Dieu pour vous. Ce sont les hommes d'affaires séculiers qui sont assurés et encouragés par leurs soldes bancaires et leurs revenus financiers. Vous, en tant que personne spirituelle, devez être assuré par la présence de l'Esprit Saint.

Vos convictions doivent être renforcées par la présence de Dieu. La présence du Saint Esprit doit être votre source d'assurance. C'est l'une des fonctions les plus importantes du Saint Esprit, vous assurer.

Sans cesse, on donne au Saint Esprit le nom d'arrhes ou de garantie. Il garantit que vous êtes sur la bonne voie par Sa présence. Vous devez toujours rechercher la présence de l'Esprit Saint.

Moïse ne faisait pas un pas en avant sans la garantie de la présence du Seigneur. Vous devez devenir comme Moïse qui cherchait des garanties et assurances dans la présence du Seigneur.

Moïse lui dit : Si tu ne marches pas toi-même avec nous, ne nous fais point partir d'ici. Comment sera-t-il donc certain que j'ai trouvé grâce à Tes yeux, moi et Ton peuple ? Ne sera-ce pas quand Tu marcheras avec nous, et quand nous serons distingués, moi et Ton peuple, de tous les peuples qui sont sur la face de la terre ?

Exode 33,15-16

2. **Sous l'influence du Saint Esprit, vous développez des convictions et assurances.**

Et parce que vous êtes fils, Dieu a envoyé dans nos cœurs l'Esprit de son Fils, lequel crie : Abba ! Père !

Galates 4,6

Le Saint Esprit influe vos convictions en criant certaines choses dans votre cœur.

Toute personne sous la douce influence du Saint Esprit deviendra sûre de certaines réalités, car le Saint Esprit criera et répètera certaines paroles dans votre cœur. Ces paroles que l'Esprit dit dans votre cœur deviendront des convictions auxquelles vous vous tiendrez. Vous serez sûr de ces choses sans savoir pourquoi.

Commencez-vous à vous former certaines convictions dans votre cœur ? Devenez-vous sûr de certaines choses ?

Y a-t-il une mystérieuse connaissance dans votre cœur ? Votre âme désire-t-elle certaines choses de façon mystique ? Certains désirs spirituels sont-ils en train de grandir et de se développer en vous ? Votre cœur pleure-t-il pour certaines choses ? Tout cela constitue des œuvres mystiques du Saint Esprit.

Chapitre 18

Les douces influences du Saint Esprit sur votre degré d'obéissance

Je vous donnerai un cœur nouveau, et je mettrai en vous un esprit nouveau ; j'ôterai de votre corps le cœur de pierre, et je vous donnerai un cœur de chair. JE METTRAI MON ESPRIT EN VOUS, ET JE FERAI EN SORTE QUE VOUS SUIVIEZ MES ORDONNANCES, et que vous observiez et pratiquiez Mes lois.

Ezéchiel 36,26-27

De façon étonnante, c'est le Saint Esprit qui nous aide à obéir aux commandements du Seigneur. Quand quelqu'un est sous l'influence de l'Esprit du Seigneur, cela lui devient facile d'obéir aux commandements du Seigneur. Celui-là même qui vous donne l'instruction envoie Son Esprit pour vous amener à être obéissant. C'est pourquoi aucun d'entre nous ne devrait se glorifier en soi-même. Quoi que nous arrivions à faire nous a été donné par le Saint Esprit.

Voulez-vous obéir à Dieu ? Aimez-vous Dieu ? Avez-vous du mal à obéir aux commandements de Dieu ? Priez pour que Dieu vous envoie le Saint Esprit, et vous pourrez Lui obéir. Il vous fera Lui-même marcher dans l'obéissance. Ne vous fiez pas à vos propres capacités. Mettez-vous dès maintenant sous la belle influence du Saint Esprit.

Chapitre 19

Les douces influences du Saint Esprit sur votre degré d'audace

Quand ils eurent prié, le lieu où ils étaient assemblés trembla ; ils furent tous REMPLIS DU SAINT ESPRIT, ET ILS ANNONÇAIENT LA PAROLE DE DIEU AVEC ASSURANCE.

Actes 4,31

L'un des effets les plus étonnants de l'influence du Saint Esprit sera le changement radical dans votre degré d'audace.

Les Apôtres apeurés, craintifs et désabusés, se cachant dans une pièce, furent transformés instantanément en une audacieuse et intrépide équipe de prédicateurs. Ils semblaient ne plus avoir aucune crainte. Ils eurent soudain l'air de savoir comment faire des discours en public. Ils firent face aux meurtriers de Christ avec courage et en prêchant des sermons de confrontation ! Vous pouvez comparer cela avec l'attitude véhémente de Pierre quand il renia le Christ quelques jours auparavant Qu'est-ce qui causa ces changements si radicaux ? Le Saint Esprit ! Vous avez besoin du Saint Esprit pour grandir en audace dans le ministère.

Et ils furent tous remplis du Saint Esprit, et se mirent à parler en d'autres langues, selon que l'Esprit leur donnait de s'exprimer... Alors Pierre, se présentant avec les onze, éleva la voix, et leur parla en ces termes : Hommes Juifs, et vous tous qui séjournez à Jérusalem, sachez ceci, et prêtez l'oreille à mes paroles ! Ces gens ne sont pas ivres, comme vous le supposez, car c'est la troisième heure du jour.

Actes 2,4.14-15

Pierre fut enhardi par l'influence du Saint Esprit. Tous les apôtres furent enhardis et encouragés par l'influence du Saint Esprit. L'audace est la clé de l'onction. L'audace est la clé de la présence de Dieu. « Approchons-nous donc avec assurance du trône de la grâce afin d'obtenir miséricorde et de trouver grâce, pour être secourus dans nos besoins » (Hébreux 4,16). Vous recevrez de l'audace pour votre ministère quand le Saint Esprit descendra sur vous. Sans audace, vous ne pouvez pas exercer un ministère de guérison, de miracles, de signes et de prodiges. Vous avez besoin d'audace pour faire appel aux miracles. Vous avez besoin d'audace pour exercer le ministère de l'Esprit. Vous avez besoin d'audace pour prendre certaines mesures qui amèneront la présence de Dieu. C'est la douce influence du Saint Esprit qui vous rend de plus en plus audacieux.

Avec vous deviendrez même plus enhardis pour servir et donner du pouvoir à tous ceux qui souffrent de la faim dans le monde. Sans audace, vous ne pouvez pas entrer dans le Saint Lieu et en présence de l'onction. La Parole de Dieu nous dit de venir hardiment en Sa présence. Sans audace, il vous manque une clé majeure de la présence de Dieu.

Chapitre 20

Les douces influences du Saint Esprit sur votre mariage

Et vous dites : Pourquoi ? ... Parce que l'Éternel a été témoin entre toi et la femme de ta jeunesse, à laquelle TU ES INFIDÈLE, bien qu'ELLE SOIT TA COMPAGNE et la femme de ton alliance. NUL N'A FAIT CELA, AVEC UN RESTE DE BON SENS. Un seul l'a fait, et pourquoi ? Parce qu'il cherchait la postérité que Dieu lui avait promise. Prenez donc garde en votre esprit, et qu'aucun ne soit infidèle à la femme de sa jeunesse !

« Car je hais la répudiation » , dit l'Éternel, le Dieu d'Israël, « et celui qui couvre de violence son vêtement » , dit l'Éternel des armées. « Prenez donc garde en votre esprit, et ne soyez pas infidèles ! »

Malachie 2,14-16

L'influence du Saint Esprit vous amènera à haïr le divorce et à aimer le mariage. Quand d'autres influences interviennent, le divorce devient une possibilité. Quand l'église s'est éloignée du Saint Esprit, le divorce est devenu de plus en plus fréquent. Au lieu de suivre le Saint Esprit, la plupart de l'église court après le monde et ses systèmes.

Notre amour du monde est si grand et les mauvais esprits du monde ont envahi l'église et dominent nos valeurs et nos principes. Aujourd'hui, la prévalence de l'esprit du monde nous fait accepter le fait de divorcer et de se remarier plusieurs fois.

Mais le prophète Malachie dit, *les gens qui ont un reste du Saint Esprit ne l'ont pas fait.* Qu'est-ce que cela veut dire ? Même ceux qui ont une petite portion (reste) d'Esprit Saint sauront qu'ils doivent résister au divorce.

Remettons-nous sous l'influence du Saint Esprit. Fuyons les esprits du monde. Mettons-nous sous les douces influences du Saint Esprit. Sous l'influence du Saint Esprit, nous aimerons le mariage et nous haïrons le divorce.

Ne laissez rien ni personne remplacer le Saint Esprit. Laissez le Saint Esprit influencer votre cœur et vous conduire dans Sa volonté. Pour sûr, il y a des mariages incroyablement difficiles. Beaucoup de mariages ont des problèmes désespérés et chroniques sans espoir de changement en vue ! Pourtant, nous sommes confrontés à cette instruction mystique de haïr le divorce et de l'éviter à tout prix. On nous avertit que les gens sous l'influence de l'Esprit ne doivent pas être infidèles à leur conjoint.

Priez pour l'aide de Dieu ! Priez pour survivre ! Priez pour que la puissante influence du Saint Esprit vienne sur votre situation et vous aide à déjouer les plans des démons et les forces qui poursuivent votre vie, votre mariage et votre sainteté.

Chapitre 21

Les douces influences du Saint Esprit sur votre empressement et votre ardeur

Tous ceux qui furent entraînés par le cœur et ANIMÉS DE BONNE VOLONTÉ vinrent et apportèrent une offrande à l'Éternel pour l'œuvre de la tente d'assignation, pour tout son service, et pour les vêtements sacrés.

Exode 35,21

Sans l'influence du Saint Esprit, la plupart des gens se plaignent quand ils ont quelque chose à faire. Ils se plaignent, ils murmurent, ils se mettent en grève et manifestent de nombreuses formes de mécontentement. Il est difficile de trouver un lieu de travail sans employés mécontents et grincheux. Telle est la nature de l'homme sans l'influence du Saint Esprit.

Nos églises sont également remplies de membres mécontents, grincheux et critiques. La plupart de ces rouspéteurs sont remplis de mauvais esprits, comme les Israélites qui suivaient Moïse et se plaignaient.

C'est pourquoi nous avons besoin que le Saint Esprit remplisse nos églises. Le Saint Esprit confère une attitude différente. Le Saint Esprit confère de l'ardeur et de l'empressement aux gens. Satan et ses hordes démoniaques confèrent du mécontentement, des critiques et des accusations !

L'empressement et l'ardeur sont de véritables qualités spirituelles qui viennent de l'Esprit Saint.

Quand vous serez sous l'influence du Saint Esprit, vous aurez de l'empressement parce que le Saint Esprit vous donnera de l'empressement et de l'ardeur. Les enfants d'Israël étaient prêts à donner des offrandes, parce que le Saint Esprit avait touché leurs cœurs pour en faire des donneurs volontaires. Il n'y a pas besoin de contraindre les gens à donner de l'argent. Dieu touchera leur cœur et ils donneront quand le Saint Esprit les rendra prêts.

Et parce que mon serviteur Caleb a été animé d'UN AUTRE ESPRIT, et qu'il A PLEINEMENT SUIVI MA VOIE, je le ferai entrer dans le pays où il est allé, et ses descendants le posséderont.

Nombres 14,24

La Bible est claire sur la source de l'empressement de Caleb.

Quand vous serez sous l'influence du Saint Esprit, vous serez prêt et rempli d'ardeur. Caleb était impatient, parce qu'il était sous l'influence de l'Esprit Saint.

Chapitre 22

Les douces influences du Saint Esprit sur vos talents et aptitudes

Trois aptitudes spéciales

1. Le Saint Esprit confère des capacités spéciales aux individus. Sous l'influence du Saint Esprit, vous aurez certains talents et aptitudes spéciaux. Betsaleel est le meilleur exemple de quelqu'un qui se trouva sous l'influence de l'Esprit de Dieu et reçut des capacités spéciales de Dieu. Le Saint Esprit lui donna l'aptitude de construire le tabernacle et de concevoir des œuvres merveilleuses pour le Seigneur.

   Sache que j'ai choisi Betsaleel, fils d'Uri, fils de Hur, de la tribu de Juda.

   JE L'AI REMPLI DE L'ESPRIT DE DIEU, de sagesse, d'intelligence, et de savoir POUR TOUTES SORTES D'OUVRAGES,

   Je l'ai rendu capable de faire des inventions, de travailler l'or, l'argent et l'airain, de graver les pierres à enchâsser, de travailler le bois, et d'exécuter toutes sortes d'ouvrages.

   Exode 31,2-5

2. Sous l'influence du Saint Esprit, vous pouvez recevoir l'aptitude de faire presque n'importe quoi. Les tailleurs et couturières qui se trouvèrent sous l'influence du Saint Esprit furent capables de créer les robes les plus élaborées et les plus belles pour les prêtres. Beaucoup de gens aux talents spéciaux les ont reçus de l'Esprit Saint.

   Tu parleras à *tous ceux qui sont habiles,* À QUI J'AI DONNÉ UN ESPRIT PLEIN D'INTELLIGENCE ; et ils FERONT LES VÊTEMENTS D'AARON, afin qu'il soit consacré et qu'il exerce mon sacerdoce.

   Exode 28,3

3. Sous l'influence du Saint Esprit, vous pouvez recevoir l'aptitude à gouverner et à créer de la richesse.

Et Pharaon dit à ses serviteurs : Trouverions-nous *un homme comme celui-ci*, AYANT EN LUI L'ESPRIT DE DIEU ? Et Pharaon dit à Joseph : Puisque Dieu t'a fait connaître toutes ces choses, il n'y a personne qui soit aussi intelligent et aussi sage que toi. Je t'établis sur ma maison, et tout mon peuple obéira à tes ordres. Le trône seul m'élèvera au-dessus de toi.

Genèse 41,38-40

Par l'influence du Saint Esprit, vous pouvez recevoir l'aptitude de créer et de maintenir de grandes richesses. Pharaon reconnut que Joseph aurait l'aptitude de maintenir et de conserver la richesse de l'Égypte.

Parfois, les gens reçoivent de grandes richesses, mais ils perdent tout, parce qu'ils reçoivent la richesse des démons. Les démons leur donnent la richesse puis ils leur font tout jeter. Vous devez vous rappeler comment Satan dit à Jésus qu'il pouvait lui donner toute la richesse du monde. C'est un fait clairement établi que Satan aussi donne de la richesse aux gens.

Beaucoup de gens reçoivent des emplois des démons. Ces emplois semblent être la meilleure chose au monde. Mais ils finissent dans la déception et le vide.

Pourquoi ne pas prier pour que le Saint Esprit vienne sur votre vie ? Sous la douce influence du Saint Esprit, vous créerez de la richesse et vous pourrez la conserver. Il y a une influence puissante de création de la richesse qui vient par la présence du Saint Esprit. Oh comme nous avons besoin de l'influence du Saint Esprit !

Chapitre 23

Les douces influences du Saint Esprit sur votre créativité

La terre était informe et vide : il y avait des ténèbres à la surface de l'abîme, et L'ESPRIT DE DIEU SE MOUVAIT au-dessus des eaux.

Dieu dit : QUE LA LUMIÈRE SOIT ! Et la lumière fut.

Genèse 1,2-3

L e Saint Esprit influence les personnes créatives pour créer et inventer. Quand le Saint Esprit se mouvait, Dieu le Père créa le monde. Si le mouvement du Saint Esprit conduit à la création de ce monde, alors le mouvement du Saint Esprit dans votre vie conduira à de la créativité dans votre ministère. Les plus grands dirigeants de ce monde ont créé et construit de nouvelles choses. Les gens se sont rassemblés autour de leurs idées et ont suivi leurs idées créatives.

Quand quelqu'un est sous l'influence du Saint Esprit, il devient créatif. L'absence du Saint Esprit conduit à une direction monotone qui manque d'idées. Dieu se servira de vous pour créer et faire de nouvelles choses.

Il se servira de vous pour nommer les choses qui n'ont pas de noms. Il se servira de vous pour construire des choses qui n'ont jamais existé auparavant.

Laissez le Saint Esprit se mouvoir dans votre vie. Laissez la puissance créatrice couler en vous. Laissez la créativité et l'innovation caractériser votre ministère et votre vie. Ne soyez ni ennuyeux ni monotone. Recevez le Saint Esprit et l'influence qui vient de Lui. Croyez en de nouvelles choses et croyez que la présence mystique de l'Esprit vous montre de nouvelles façons de faire les choses anciennes. La puissance créatrice de Dieu coule à travers vous par la puissance du Saint Esprit.

Chapitre 24

Les douces influences du Saint Esprit sur votre productivité

Jusqu'à ce que L'ESPRIT soit répandu d'en haut sur nous, et que LE DÉSERT SE CHANGE EN VERGER, et que le verger soit considéré comme une forêt.

Ésaïe 32,15

Remarquez le passage scripturaire ci-dessus. Le désert se transforme en champ fertile et un champ fertile se transforme en forêt par l'Esprit Saint.

La présence du Saint Esprit influence votre productivité. Beaucoup de gens attribuent la productivité et la fécondité à des causes et raisons naturelles. Mais la vérité est que le Saint Esprit est celui qui vous rend productif.

Quel changement ! Quelle amélioration ! Quelle fécondité et quelle productivité, et tout cela en raison de la présence du Saint Esprit ! Mes tentatives en agriculture m'ont révélé que personne ne peut être fécond et productif à moins que Dieu ne le bénisse. Les troupeaux d'Abraham, d'Isaac et de Jacob qui se multiplièrent ne peuvent être attribués qu'à l'influence de la présence du Saint Esprit. La présence du Saint Esprit transforme le désert en champ fertile.

Vous pouvez choisir ce que vous croyez. Je préfère prier pour l'influence du Saint Esprit. Il produira des fruits sur mes branches. Il me donnera des fruits. Paul a pu planter, Apollos a pu arroser, mais c'est Dieu (l'Esprit Saint) qui fait croître.

Chapitre 25

Les douces influences du Saint Esprit sur vos accomplissements

...car sans moi vous ne pouvez rien faire.

Jean 15,5

C'est la puissance de Dieu qui vous permet d'accomplir de grandes choses pour lui. Sans le Saint Esprit, vous ne pouvez rien faire. Tout au long de la Bible, vous voyez des exemples de gens qui font de grandes choses pour Dieu. Toutes ces choses furent accomplies sous l'influence du Saint Esprit. Voulez-vous faire de grandes choses pour Dieu ? Cela arrivera par l'influence du Saint Esprit. Considérons comment le Saint Esprit influença des gens différents à accomplir de grandes choses pour Lui.

1. **Par la douce influence du Saint Esprit, vous délivrerez les gens de leurs ennemis.**

Les enfants d'Israël crièrent à L'ÉTERNEL, et L'ÉTERNEL leur suscita un libérateur qui les délivra, OTHNIEL, fils de Kenaz, frère cadet de Caleb. L'ESPRIT DE L'ÉTERNEL FUT SUR LUI. Il devint juge en Israël, et il partit pour la guerre. L'ÉTERNEL livra entre ses mains Cuschan Rischeathaïm, roi de Mésopotamie, et SA MAIN FUT PUISSANTE CONTRE CUSCHAN RISCHEATHAÏM.

Juges 3,9-10

La douce influence du Saint Esprit sur Othniel lui permit de délivrer le peuple de Dieu dans la guerre. Othniel vainquit son ennemi Cushan Rischeathaïm par la puissance et l'influence de l'Esprit Saint.

2. **Par la douce influence du Saint Esprit, vous rassemblerez beaucoup de gens pour une bonne cause.**

Tout Madian, Amalek et les fils de l'Orient, se rassemblèrent ; ils passèrent le Jourdain, et campèrent dans la vallée de Jizréel. **GÉDÉON FUT REVÊTU DE L'ESPRIT DE L'ÉTERNEL ; il sonna de la trompette, et ABIÉZER FUT CONVOQUÉ pour marcher à sa suite.**

Juges 6,33-34

Grâce à la puissance du Saint Esprit, les hommes se rassemblèrent autour de Gédéon pour l'aider à faire la guerre. Vous êtes-vous demandé pourquoi les gens ne se rassemblent pas pour vous écouter dans votre église ? Lorsque l'influence du Saint Esprit sera plus forte que l'influence de l'esprit du monde dans votre vie, les hommes se rassembleront pour entendre ce que vous avez à dire.

3. **Par la douce influence du Saint Esprit, vous aurez une force surnaturelle pour de grands accomplissements.**

Samson eut une force surnaturelle quand l'Esprit du Seigneur vint sur lui. Il tua des lions, brisa des chaînes et tua beaucoup d'hommes en même temps.

L'ESPRIT DE L'ÉTERNEL SAISIT Samson ; et, sans avoir rien à la main, Samson DÉCHIRA le lion comme on déchire un chevreau. Il ne dit point à son père et à sa mère ce qu'il avait fait.

Juges 14,6

L'ESPRIT DE L'ÉTERNEL LE SAISIT, et il descendit à Askalon. Il y TUA TRENTE HOMMES, prit leurs dépouilles, et donna les vêtements de rechange à ceux qui avaient expliqué l'énigme. Il était enflammé de colère, et il monta à la maison de son père.

Juges 14,19

Lorsqu'il arriva à Léchi, les Philistins poussèrent des cris à sa rencontre. Alors **L'ESPRIT DE L'ÉTERNEL LE SAISIT. Les cordes qu'il avait aux bras devinrent comme du lin brûlé par le feu, et SES LIENS TOMBÈRENT de ses mains.**

Juges 15,14

4. Par la douce influence du Saint Esprit, vous deviendrez un grand leader.

Samuel prit la corne d'huile, et l'oignit au milieu de ses frères. L'ESPRIT DE L'ÉTERNEL SAISIT DAVID, à partir de ce jour et dans la suite. Samuel se leva, et s'en alla à Rama.

1 Samuel 16,13

Quand David se trouva sous l'influence du Saint Esprit, il devint un grand roi d'Israël. Grâce à l'influence du Saint Esprit, vous deviendrez un grand leader. Laissez le Saint Esprit vous influencer. Il vous transforme en grand roi.

5. Par la douce influence du Saint Esprit, votre peur de la confrontation disparaitra.

ZACHARIE, fils du sacrificateur Jehojada, FUT REVÊTU DE L'ESPRIT DE DIEU ; il se présenta devant le peuple et lui dit : Ainsi parle Dieu : POURQUOI TRANSGRESSEZ-VOUS les commandements de l'Éternel ? Vous ne prospérerez point ; car vous avez abandonné l'Éternel, et il vous abandonnera.

2 Chroniques 24,20

Vous pourrez faire face aux gens qui marchent dans le péché. Zacharie était sous l'influence du Saint Esprit. C'est pourquoi il put réprimander les gens à propos de leurs péchés. Si le Saint Esprit vous a quitté, vous arrêterez de parler des péchés et de confronter le mal dans l'église.

6. Par la douce influence du Saint Esprit, vous deviendrez bâtisseur de la maison de Dieu.

Alors il reprit et me dit : C'est ici la parole que l'Éternel adresse à Zorobabel : Ce n'est ni par la puissance ni par la force, mais c'est PAR MON ESPRIT, dit l'Éternel des armées. Qui es-tu, grande montagne, devant Zorobabel ? Tu seras aplanie. Il posera la pierre principale au milieu des acclamations : Grâce, grâce pour elle !

La parole de l'Éternel me fut adressée, en ces mots : Les mains de Zorobabel ont fondé cette maison, et SES MAINS L'ACHÈVERONT ; et tu sauras que l'Éternel des armées m'a envoyé vers vous.

Zacharie 4,6-9

Ceux qui ne sont pas sous l'influence du Saint Esprit ne peuvent rien construire pour Dieu. Sous la douce influence du Saint Esprit, Zorobabel devint bâtisseur de la maison de Dieu. Le Saint Esprit vous influencera aussi pour terminer ce que vous avez commencé. Sous l'influence du Saint Esprit, vous surmonterez les obstacles financiers et de grandes montagnes. C'est seulement sous l'influence du Saint Esprit que vous pouvez accomplir de grandes choses.

7. Par la douce influence du Saint Esprit, votre personnalité sera transformée.

L'ESPRIT DE L'ÉTERNEL TE SAISIRA, tu prophétiseras avec eux, et TU SERAS CHANGÉ EN UN AUTRE HOMME.

1 Samuel 10,6

Saul fut transformé en un autre homme quand il se trouva sous la douce influence du Saint Esprit. Observez-vous soigneusement. Vous remarquerez comment vous changez sous l'influence du Saint Esprit. Ne résistez pas aux changements que le Saint Esprit apporte dans votre vie. Vous êtes sous l'influence du Saint Esprit et Il vous transforme complètement !

8. **Par la douce influence du Saint Esprit, vous irez en guerre et mènerez le bon combat de la foi.**

Gédéon fut revêtu de L'ESPRIT DE L'ÉTERNEL ; il SONNA DE LA TROMPETTE, et Abiézer fut convoqué pour marcher à sa suite. Il envoya des messagers dans tout Manassé, qui fut aussi convoqué pour marcher à sa suite. Il envoya des messagers dans Aser, dans Zabulon et dans Nephthali, qui montèrent à leur rencontre.

Juges 6,34-35

Quand vous êtes sous l'influence du Saint Esprit, vous êtes énergisé pour vous battre pour le Seigneur. Ceux qui ne sont pas motivés pour faire l'œuvre du Seigneur ne sont pas sous l'influence du Saint Esprit. Ceux qui aiment se reposer, dormir et ne rien faire quand le monde est perdu et va en Enfer ne sont pas sous l'influence de l'Esprit Saint.

Quand vous êtes sous l'influence du Saint Esprit, vous vous lèverez et sonnerez de la trompette pour que les enfants de Dieu se rassemblent pour la guerre. Paul, sous l'influence du Saint Esprit, dit à Timothée de mener le bon combat ! Quand vous êtes sous l'influence d'une personnalité paresseuse, vous direz aux gens de rentrer chez eux et de se reposer.

9. **Par la douce influence du Saint Esprit, vous guérirez les malades et chasserez les démons.**

L'Esprit du Seigneur est sur moi, parce qu'il m'a oint pour annoncer une bonne nouvelle aux pauvres ; Il m'a envoyé pour guérir ceux qui ont le cœur brisé, pour proclamer aux captifs la délivrance, et aux aveugles le recouvrement de la vue, pour renvoyer libres les opprimés.

Luc 4,18-19

Au départ, Jésus n'a pas guéri les malades ou prêché l'Évangile. Il travaillait simplement comme charpentier. Il était connu comme un homme fidèle et religieux. Mais quand l'Esprit du Seigneur vint sur Lui après Son expérience dans le Jourdain, Il changea de manière radicale. Il se trouva sous les douces influences du Saint Esprit et commença à prêcher l'Évangile, à guérir les malades et à chasser les démons. Quelle grande différence le Saint Esprit fait dans votre vie ! Prosternez-vous et mettez-vous sous l'influence du Saint Esprit. Votre ministère a besoin de cette influence. Vous avez besoin de signes et de prodiges, de miracles et de guérisons. Ce sont les grandes œuvres de Dieu qui viennent quand un ministre est sous l'influence du Saint Esprit.

Chapitre 26

Les douces influences du Saint Esprit sur votre appel et votre destin

Et l'Esprit et l'épouse disent : VIENS.

Révélation 22,17

Soyez sûr d'obéir à l'appel de Dieu, parce que l'appel de Dieu vient du Saint Esprit. *C'est l'Esprit qui dit que vous devez venir et Le servir !* Tout concourt au bien de ceux qui sont appelés. Tout ne marche pas pour le bien de tous. Dieu a déterminé que tout concourt au bien de ceux qui sont appelés. En obéissant à l'appel de Dieu, vous ferez l'expérience des bénédictions d'un «appelé». Permettez-vous d'entendre le Saint Esprit dire : «viens».

Cinq bénédictions de la réponse à l'appel et à l'influence du Saint Esprit

1. *Pressenti :* Dieu vous connait avant de vous appeler et de vous choisir.

ÉLUS selon la PRESCIENCE de Dieu le Père, par la sanctification de l'Esprit, afin qu'ils deviennent obéissants, et qu'ils participent à l'aspersion du sang de Jésus Christ : que la grâce et la paix vous soient multipliées!

1 Pierre 1,2

2. *Prédestiné :* Dieu avait prévu qu'Il vous créerait à Son Image.

Car ceux qu'il a connus d'avance, Il les a aussi PRÉDESTINÉS À ÊTRE SEMBLABLES à l'image de son Fils, afin que son Fils fût le premier-né entre plusieurs frères.

Romains 8,29

3. *Appelé* : c'est seulement après que Dieu ait fait des vérifications d'antécédents sur vous et ait prévu un grand destin pour votre avenir qu'Il vous appelle véritablement. Rejeter l'appel de Dieu revient à rejeter tout le traitement spécial et les privilèges que Dieu a préparés pour vous.

Et ceux qu'il a prédestinés, il les a aussi APPELÉS ; et ceux qu'il a appelés, il les a aussi justifiés ; et ceux qu'il a justifiés, il les a aussi glorifiés.

Romains 8:30

4. *Justifié* : Cet appel a d'incroyables implications. Ceux qui acceptent l'appel sont justifiés. Dieu les rend juste pour avoir accepté son appel. Ils ne deviennent pas justes pour leurs bonnes actions. Accepter l'appel et y répondre est l'un des plus grands actes de vertu. C'est pour cela que Dieu justifie ceux qui sont appelés. Quel honneur que d'être appelé! Quel privilège! De quelle grâce regorge votre vie parce que vous êtes appelés

Et ceux qu'Il a prédestinés, Il les a aussi appelés ; et ceux qu'Il a appelés, IL LES A AUSSI JUSTIFIÉS ; et ceux qu'Il a justifiés, Il les a aussi glorifiés.

Romains 8,30

5. *Glorifié* : Il y a même plus de bénédictions inattendues de l'appel. Après avoir été justifié et avoir été déclaré juste, Dieu prévoit de vous glorifier. Tout simplement parce que vous avez accepté l'appel ! Imaginez un peu ! Qui aurait pensé que l'acceptation de l'appel conduirait à la justification et même à la glorification ? Quel choc ! Quelle bénédiction de répondre aux influences du Saint Esprit !

Et ceux qu'Il a prédestinés, Il les a aussi appelés ; et ceux qu'Il a appelés, Il les a aussi justifiés ; et ceux qu'Il a justifiés, IL LES A AUSSI GLORIFIÉS.

Romains 8,30

Chapitre 27

Les douces influences du Saint Esprit sur votre degré d'honnêteté

1. **Une personne sous la douce influence du Saint Esprit aimera la vérité et haïra les mensonges et la malhonnêteté.**

L'ESPRIT DE VÉRITÉ, que le monde ne peut recevoir, parce qu'il ne le voit point et ne le connaît point ; mais vous, vous le connaissez, car il demeure avec vous, et il sera en vous.

Jean 14,17

C'est parce que le Saint Esprit est l'esprit de vérité et l'esprit de lumière. Plus le Saint Esprit est en vous, plus l'obscurité de la malhonnêteté s'éloignera de vous. Quand une personne dit librement des mensonges, vous pouvez être sûr qu'elle n'est pas sous l'influence du Saint Esprit. Les mensonges et la malhonnêteté sont une révélation de la présence d'esprits mauvais chez les gens.

2. **Une personne sous la douce influence du Saint Esprit devient honnête. Étienne était honnête, parce qu'il était rempli du Saint Esprit.**

C'est pourquoi, frères, choisissez parmi vous sept hommes, DE QUI L'ON RENDE UN BON TÉMOIGNAGE, QUI SOIENT PLEINS D'ESPRIT SAINT et de sagesse, et que nous chargerons de cet emploi…

Cette proposition plut à toute l'assemblée. Ils élurent Étienne, homme plein de foi et d'Esprit Saint, Philippe, Prochore, Nicanor, Timon, Parménas, et Nicolas, prosélyte d'Antioche.

Actes 6,3.5

3. **Une personne sous la douce influence du Saint Esprit détectera le mensonge, la tromperie, la duperie et la malhonnêteté.**

Alors Pierre lui dit : Comment vous êtes-vous accordés pour tenter l'Esprit du Seigneur ? Voici, ceux qui ont enseveli ton mari sont à la porte, et ils t'emporteront.

Actes 5,9

Ces maux ne se développent pas en présence du Saint Esprit. La douce influence du Saint Esprit supprime tous ces points de tromperie de notre milieu. Le Saint Esprit ne pouvait pas supporter les mensonges et la duperie d'Ananias et de Saphira. Le Saint Esprit est l'Esprit de vérité. Ananias et Saphira payèrent le prix fort pour avoir apporté la malhonnêteté et la tromperie en présence du Saint Esprit.

Chapitre 28

Les douces influences du Saint Esprit vous donnent la vie

1. **La douce influence du Saint Esprit donne la vie, parce qu'Il est l'esprit de vie.** Plus vous avez le Saint Esprit en vous, plus vous êtes vivant et animé.

En effet, la loi de L'ESPRIT DE VIE en Jésus Christ m'a affranchi de la loi du péché et de la mort.

Romains 8,2

2. **La douce influence du Saint Esprit vous donne la vie même que vous avez sur cette terre.** La douce influence du Saint Esprit prolonge votre vie sur cette terre, car Il est l'esprit de vie. Voulez-vous vivre longtemps ? Priez pour que le Saint Esprit vous remplisse et vous guide.

L'Éternel Dieu forma l'homme de la poussière de la terre, il souffla dans ses narines UN SOUFFLE DE VIE et l'homme devint un être vivant.

Genèse 2,7

Après les trois jours et demi, UN ESPRIT DE VIE, VENANT DE DIEU, ENTRA en eux, et ils se tinrent sur leurs pieds ; et une grande crainte s'empara de ceux qui les voyaient.

Révélation 11,11

3. **La douce influence du Saint Esprit vous guide vers la vie éternelle.**

Celui qui sème pour sa chair moissonnera de la chair la corruption ; mais celui qui sème pour l'Esprit MOISSONNERA DE L'ESPRIT LA VIE ÉTERNELLE.

Galates 6,8

Chapitre 29

Les douces influences du Saint Esprit qui vous ont fait devenir pasteur

Prenez donc garde à vous-mêmes, et à tout le troupeau, au milieu duquel l'Esprit Saint vous a établis surveillants pour paître l'assemblée de Dieu, laquelle il a acquise par le sang de son propre fils.

Actes 20,28 (Darby)

Il est facile de voir à partir du passage scripturaire ci-dessus que le Saint Esprit établis des personnes comme surveillants. Le Saint Esprit veut faire de vous un pasteur. Quand vous serez sous l'influence du Saint Esprit, vous sentirez un appel à devenir pasteur.

L'homme ne peut pas créer un surveillant. Un ministre de l'Évangile est quelqu'un qui est appelé, oint et vêtu par Dieu Lui-même. Les ministres inventés par l'homme, ceux qui occupent les chaires de nombreuses églises, conduisent souvent les gens en Enfer. Ne suivez pas un surveillant qui n'a pas été « fait » par le Saint Esprit !

Aussi, n'embrassez pas le ministère à moins que le Saint Esprit ne vous ait fait surveillant. C'est le Saint Esprit qui « fait » les surveillants.

Les douces influences du Saint Esprit sur votre relation au Corps de Christ

1. **Quand vous êtes sous l'influence du Saint Esprit, vous ne vous séparerez pas.**

   Ce sont ceux qui provoquent des DIVISIONS, hommes sensuels, N'AYANT PAS L'ESPRIT.

   Jude 19

J'ai maintes fois observé, impuissant, les mauvais esprits éloigner des frères bien-aimés de la bergerie. Des gens, qui auraient dû être assez intelligents pour ne pas faire cela, ont suivi les démons qui les faisaient sortir de l'église. Le Saint Esprit vous influencera pour que vous ne vous sépariez pas du reste des frères. Ce sont les démons qui influencent les gens à se séparer du reste du corps. Le Saint Esprit fait exactement le contraire de cela. Si vous vous rappelez cela, vous réagirez correctement à toute tentative de vous séparer de votre famille spirituelle. Je préfèrerais vivre ma vie sans jamais suivre un démon. Ne suivez pas un démon, pas même un seul jour !

2. **Quand vous êtes sous l'influence du Saint Esprit, vous vous unirez à d'autres chrétiens.**

   Vous efforçant de conserver L'UNITÉ DE L'ESPRIT par le lien de la paix.

   Ephésiens 4,3

Le Saint Esprit vous influencera pour que vous soyez unis au reste du corps de Christ. L'unité de l'église est en fait appelé « l'unité du Saint Esprit ». L'unité est créée par une influence directe du Saint Esprit.

Le monde dans lequel nous vivons est opposé à l'unité. Les blessures et les infractions qui sont dans le monde travaillent constamment à nous diviser et à briser des relations vitales. C'est seulement par la puissance du Saint Esprit que nous pouvons continuer à rester ensemble. Le Saint Esprit n'inspire pas à l'isolement et à la vie en solitaire. Le Saint Esprit vous inspire à être avec les autres et à rester au sein de la communauté.

Chapitre 31

Comment stimuler les douces influences du Saint Esprit

... à ranimer le don de Dieu...

2 Timothée 1,6

1. **Stimuler l'intérêt et la faim du Saint Esprit en parlant et en prêchant sur le Saint Esprit.**

Heureux ceux qui ont faim et soif de la justice, car ils seront rassasiés !

Matthieu 5,6

Vous pouvez stimuler l'intérêt pour quoi que ce soit en en parlant. Avez-vous remarqué que vous commencez à avoir faim quand vous parlez de nourriture ? Avez-vous remarqué que lorsque vous parlez de l'Amérique, votre intérêt pour l'Amérique augmente ? Avez-vous remarqué que votre intérêt pour le sexe augmente quand vous en parlez ? Quand les pasteurs prêchent sur l'argent, la prospérité et les finances, leur congrégation développe un intérêt et une soif d'argent. La raison pour laquelle les églises modernes sont remplies de nombreux chrétiens avides, avares et cupides est que nous, les pasteurs, enseignons constamment sur la façon et la raison d'être riche !

De même, parler du Saint Esprit suscite une faim et un intérêt pour les choses de l'Esprit. Ne soyez pas surpris quand il y a des manifestations de l'Esprit dans les ministères qui prêchent et enseignent sur le Saint Esprit. Ils stimulent un intérêt pour le Saint Esprit quand ils parlent du Saint Esprit, de Ses dons et manifestations.

Voulez-vous des manifestations du Saint Esprit ? Voulez-vous que les douces influences du Saint Esprit augmentent dans votre vie ? Alors commencez à en parler et à Le prêcher ! Vous créerez une véritable faim de ces choses. La faim que vous créez résultera dans la bénédiction d'être rempli. La bénédiction de la faim est que vous serez rempli de le Saint Esprit.

2. Stimuler les douces influences du Saint Esprit en priant spécifiquement pour le Saint Esprit.

Si donc, méchants comme vous l'êtes, vous savez donner de bonnes choses à vos enfants, à combien plus forte raison le père céleste DONNERA-T-IL LE SAINT ESPRIT À CEUX QUI LE LUI DEMANDENT.

Luc 11,13

L'une des seules choses pour lesquelles Jésus nous a dit de prier est le Saint Esprit. Vous devez prier tous les jours pour recevoir le Saint Esprit ! Ne pensez pas que vous avez assez du Saint Esprit ! Qui peut jamais avoir assez de l'Esprit de Dieu ?

Parce que le Saint Esprit nous a été donné dans une certaine mesure, il y a toujours d'autres mesures qui peuvent être ajoutées à ce que vous avez. Jusqu'à votre mort et à votre sortie de ce monde, vous recevrez des cadeaux et dons du Saint Esprit. Chacun de ces dons est important pour votre appel. La « bonne chose » et la « meilleure chose » que Jésus a pour vous est le Saint Esprit.

Vous remarquerez la différence dans les vies et les ministères de ceux qui prient pour le Saint Esprit. Les gens les plus oints prient souvent pour le Saint Esprit. C'est quand vous comprenez et connaissez la valeur du Saint Esprit que vous priez constamment pour Lui ou Son influence. Kenneth Hagin a parlé de la façon dont il a prié pour le Saint Esprit pendant de nombreuses années. Votre sujet de prière le plus important est peut-être la prière pour le Saint Esprit. J'aime prier pour l'esprit de sagesse, d'intelligence, de force, de puissance et de conseil.

Au début, je ne priais pas beaucoup pour le Saint Esprit. Je pensais que j'avais assez du Saint Esprit, parce que je parlais déjà en langues. Maintenant, je suis constamment en quête de dons, de cadeaux, et de transferts. Puissent vos prières pour le Saint Esprit être entendues ! Puissiez-vous vous trouver sous une influence de plus en plus de grande du Saint Esprit à travers ces prières puissantes !

3. **Stimuler les douces influences du Saint Esprit en ayant des réunions de prière.**

QUAND ILS EURENT PRIÉ, le lieu où ils étaient assemblés trembla ; ILS FURENT TOUS REMPLIS DU SAINT ESPRIT, et ils annonçaient la parole de Dieu avec assurance.

Actes 4,31

Le livre des Actes rapporte comment ils furent puissamment remplis du Saint Esprit après une réunion de prière. L'église primitive était remplie du Saint Esprit quand ils priaient. Ils multipliaient la présence du Saint Esprit à travers leurs réunions de prière ferventes.

Chaque réunion de prière fait descendre la présence du Saint Esprit ! La mention du nom de Jésus et les cris des saints montent devant le Seigneur comme l'encens. Vous devez vous rappeler que nos prières sont un encens qui monte devant le trône de Dieu. Chaque réunion de prière nous rapproche du trône du Seigneur. Vous serez rempli de l'Esprit pendant les réunions de prière.

4. **Stimuler les douces influences du Saint Esprit en vous parlant à vous-même par les chants.**

Ne vous enivrez pas de vin : c'est de la débauche. SOYEZ, au contraire, REMPLIS DE L'ESPRIT ;
ENTRETENEZ-VOUS par des psaumes, par des hymnes, et par des cantiques spirituels, chantant et célébrant de tout votre cœur les louanges du Seigneur.

Éphésiens 5,18-19

Le passage scripturaire le plus important pour les chrétiens qui veulent être remplis de l'Esprit est peut-être Éphésiens 5,18. C'est le passage qui nous dit comment les chrétiens peuvent être continuellement remplis, fortifiés et influencés par le Saint Esprit. Selon cet important passage, la première chose que vous devez faire si vous voulez être rempli de l'Esprit est de vous parler à vous-même par une chanson, une hymne ou un cantique.

Les mots clés ici sont « *entrenez-vous* ». Pensez-y. La plupart des chants que l'on chante dans les églises ne nous parlent pas, *parce que nous ne pouvons pas entendre les paroles.*

Même quand nous pouvons entendre les paroles, les paroles ne nous édifient pas ni ne nous donnent la grâce. Si vous voulez que les gens soient remplis de l'Esprit à travers votre ministère de la musique, il est important que les paroles soient puissantes et qu'elles parlent à notre cœur. Souvent, les musiciens joignent des expressions chrétiennes qui leur semblent être les bonnes choses à dire.

Malheureusement, joindre des mots ou mettre des slogans chrétiens en chanson ne constitue pas un message. *Ces choses ne nous entretiennent pas ! Nous avons besoin de quelque chose qui nous entretiendra.* Seul quelqu'un de proche du Seigneur peut parler ou exercer un ministère à travers ses chants. Ceux qui ne connaissent pas le Seigneur ne peuvent que joindre des formules, des mots qui riment et des slogans chrétiens.

Vous devez avoir des chanteurs qui parlent par leurs chants.

5. Stimuler les douces influences du Saint Esprit en chantant et en créant de la musique dans votre cœur pour le Seigneur.

Ne vous enivrez pas de vin : c'est de la débauche. SOYEZ, au contraire, REMPLIS DE L'ESPRIT ;

Entretenez-vous par des psaumes, par des hymnes, et par des cantiques spirituels, CHANTANT ET CÉLÉBRANT DE TOUT VOTRE CŒUR LES LOUANGES DU SEIGNEUR.

Rendez continuellement grâces pour toutes choses à Dieu le Père, au nom de notre Seigneur Jésus Christ,

Éphésiens 5,18-20

Avez-vous remarqué comme vous vous sentez différent quand vous chantez et créez de la musique dans votre cœur pour le Seigneur ? C'est la raison pour laquelle un temps d'adoration a un tel impact sur vous. De beaux moments d'adoration vous amènent toujours à être rempli de l'Esprit et à vous mettre sous les douces influences de l'onction.

Il est important de créer une atmosphère spirituelle dans votre chambre, en ayant de la musique dans laquelle les gens chantent et célèbrent de tout leur cœur.

Toute la musique chrétienne n'a pas cet effet puissant. Les chants qui ne sont pas chantés de tout cœur n'ont pas le même effet. La mélodie et les chants qui vous amènent à être rempli de l'Esprit doivent émaner du cœur.

Les chants des ministres, qui viennent de leur cœur et de leur expérience de vie, ont un effet que les autres n'ont pas. Une musique qui consiste en mots qui riment et en paroles assemblées à la hâte n'est pas une mélodie qui vient du cœur. C'est une mélodie conçue pour impressionner et faire de l'argent. Une personne spirituelle remarquera toujours les chants qui viennent du cœur.

6. **Stimuler les douces influences du Saint Esprit en étant reconnaissant.**

Ne vous enivrez pas de vin : c'est de la débauche. SOYEZ, au contraire, REMPLIS DE L'ESPRIT ;

Entretenez-vous par des psaumes, par des hymnes, et par des cantiques spirituels, chantant et célébrant de tout votre cœur les louanges du Seigneur ;

RENDEZ CONTINUELLEMENT GRÂCES POUR TOUTES CHOSES à Dieu le Père, au nom de notre Seigneur Jésus Christ.

Éphésiens 5,18-20

L'autre clé importante pour être rempli de l'esprit et multiplier l'effet des douces influences dans votre vie est d'être reconnaissant. La « gratitude » vous amène à être rempli du Saint Esprit. La critique, le murmure et les accusations vous amènent à être rempli d'esprits mauvais. Vous remarquerez que les Israélites étaient remplis de mauvais esprits quand ils critiquèrent Moïse. Ils étaient remplis de mauvais esprits de mort, de maladie et de destruction.

À chaque fois que vous êtes reconnaissant et que vous louez Dieu, vous vous ouvrez pour être rempli du Saint Esprit et d'une plus grande onction.

L'Écriture dit que vous devriez continuellement rendre grâce et pour toutes choses. Il est très facile de rendre grâce pour certaines choses et de se plaindre pour d'autres. C'est pourquoi beaucoup de chrétiens perdent l'occasion d'être remplis de l'Esprit. Ils sont reconnaissants pour les bonnes choses, mais sont incapables d'être reconnaissants pour beaucoup d'autres choses.

Développez l'habitude d'être reconnaissant pour tout. Développez l'habitude de bénir Dieu et de Le louer chaque jour. À chaque occasion, à chaque événement, soyez reconnaissant. Il est triste que la plupart d'entre nous ne sommes reconnaissants que juste avant de manger. La gratitude doit se multiplier et être offerte à chaque moment de votre journée.

7. Stimuler les douces influences du Saint Esprit en étant humble.

Ne vous enivrez pas de vin : c'est de la débauche. SOYEZ, au contraire, REMPLIS DE L'ESPRIT ; entretenez-vous par des psaumes, par des hymnes, et par des cantiques spirituels, chantant et célébrant de tout votre cœur les louanges du Seigneur ;

Rendez continuellement grâces pour toutes choses à Dieu le Père, au nom de notre Seigneur Jésus Christ, VOUS SOUMETTANT LES UNS AUX AUTRES dans la crainte de Christ.

Éphésiens 5,18-21

Voici la dernière des cinq clés que Paul a énumérées dans sa lettre aux Éphésiens pour être rempli de l'Esprit. *Soyez remplis de l'esprit, vous soumettant les uns aux autres dans la crainte de Dieu.* La dernière clé pour stimuler les douces influences du Saint Esprit dans votre vie est la soumission et l'humilité.

Être rempli du Saint Esprit est étroitement lié à « la soumission » et à l'humilité par rapport aux autres.

Rappelez-vous que l'orgueil et l'arrogance sont les caractéristiques de Lucifer ou Satan. Lucifer a été élevé dans l'orgueil et l'arrogance. Il s'est exalté contre Dieu et a menacé d'envahir le trône de Dieu. Mais il fut rejeté comme une branche misérable.

Il n'est donc pas surprenant que nous soumettre les uns aux autres dans l'humilité nous éloigne des mauvais esprits et nous rapproche du Saint Esprit.

Si vous ne comprenez pas comment être humble et soumis vous aide à être rempli du Saint Esprit, pensez simplement à la soumission et à l'humilité comme quelque chose qui vous éloigne de l'esprit de Satan.

Chapitre 32

Comment recevoir l'Onction par « l'association »

De nombreuses associations célèbres ont suscité les douces influences du Saint Esprit. Pourquoi devez-vous vous associer à des hommes oints de Dieu ? Qu'acquérez-vous exactement par l'association ? Quand vous vous associez étroitement à un homme de Dieu, vous l'entendrez parler à maintes reprises. Ces mots contiennent l'onction. Quand Élisée s'associa étroitement à Elie, il dut l'entendre parler à maintes reprises. Chaque type d'association a un impact spirituel.

Remarquez comment l'Écriture met en garde contre les effets de l'association. Pourquoi la Bible est-elle remplie d'avertissements contre les effets de l'association ? Parce que l'association à quelqu'un est une chose profondément spirituelle. Ne prenez jamais votre association à une personne pour acquise. Chaque association mènera au bien ou au mal. Parce que les apôtres connaissaient les effets de l'association, ils étaient préoccupés par leurs disciples et à qui ces derniers s'associaient. Tous les hommes de main d'Hitler étaient également remplis de haine et de meurtre. Il n'est pas facile d'être associé à une entité satanique et de ne pas être affecté.

Je vous ai écrit dans ma lettre de ne pas AVOIR DES RELATIONS AVEC les impudiques.

1 Corinthiens 5,9

Maintenant, ce que je vous ai écrit, c'est de ne pas AVOIR DES RELATIONS avec quelqu'un qui, se nommant frère, est impudique, ou cupide, ou idolâtre, ou outrageux, ou ivrogne, ou ravisseur, de ne pas même manger avec un tel homme.

1 Corinthiens 5,11

a. Jésus Christ s'est associé à Ses disciples.

b. Moïse s'est associé à Aaron.

c. Moïse s'est associé à Josué.

d. Élie s'est associé à Élisée.

Les Apôtres Pierre, Jacques et Jean étaient physiquement associés au Seigneur Jésus. Ils l'ont touché, ils l'ont tenu et ont même dîné avec lui. Voici leur témoignage : « Ce qui était dès le commencement, ce que nous avons entendu, ce que nous avons vu de nos yeux, ce que nous avons contemplé et que nos mains ont touché... » (1 Jean 1,1).

Malheureusement, l'apôtre Paul n'a pas eu la chance d'interagir physiquement avec le Christ comme les autres apôtres. Paul était juste comme moi ; il dut compter sur les livres ! Il aimait ses livres. C'est pourquoi il envoya chercher d'urgence ses livres et ses parchemins (livrets). Il dut étudier et entrer en communion avec le Seigneur et les autres grands hommes de Dieu comme Isaïe par la Parole écrite.

Si Paul avait vécu à notre époque, il aurait utilisé toute la technologie disponible pour s'associer encore plus à travers la Parole écrite et parlée. Paul aurait écouté des CD et regardé des vidéos. Les livres contiennent la Parole écrite, mais les CD et DVD contiennent la Parole parlée. Vous pouvez vous associer à quelqu'un à travers ses paroles.

Dix choses qui arrivent quand vous vous associez à quelqu'un

1. Quand vous vous associez à quelqu'un, vous entrez en contact avec lui.

2. Quand vous vous associez à quelqu'un, vous communiquez avec lui.

3. Quand vous vous associez à quelqu'un, vous le suivez.

4. Quand vous vous associez à quelqu'un, vous vous unissez à lui.

5. Quand vous vous associez à quelqu'un, vous vous joignez à lui.

6. Quand vous vous associez à quelqu'un, vous le côtoyez.

7. Quand vous vous associez à quelqu'un, vous le fréquentez.

8. Quand vous vous associez à quelqu'un, vous avez beaucoup à faire avec lui.

9. Quand vous vous associez à quelqu'un, vous vous mêlez à lui.

10. Quand vous vous associez à quelqu'un, vous entrez en relation avec lui.

Chapitre 33

Comment recevoir l'Onction par « l'amitié »

Comme le fer aiguise le fer, ainsi un homme excite la colère d'un homme.

Proverbes 27,17

De nombreuses amitiés ont suscité les douces influences du Saint Esprit. Un ami est quelqu'un comme vous. L'influence d'un ami sur un autre ami est comme un fer qui aiguise un autre fer. Les amitiés ont toujours un impact spirituel. On apprend toujours de ses amis. Les amis ont un grand impact. Ce sont des enseignants silencieux qui partagent leurs façons de voir et leur connaissance avec vous. Ils vous pénètrent par le cœur parce que vous êtes ouvert à leurs façons de voir.

NE SOIS PAS L'AMI de l'homme colère, et n'entre pas chez l'homme violent ; DE PEUR QUE TU N'APPRENNES SES SENTIERS, et que tu n'emportes un piège dans ton âme.

Proverbes 22,24-25 (Darby)

Il y a une loi éternelle des amitiés. Vous devenez comme les gens avec qui vous marchez. « Celui qui fréquente les sages devient sage... » (Proverbes 13,20). N'est-il pas étonnant que vous deveniez comme vos amis plutôt que comme votre pasteur ? Vous ne devenez pas comme l'homme de Dieu dont l'image est sur votre bureau. Si vos meilleurs amis sont des conférenciers motivateurs, je ne serais pas surpris si vous deveniez un bientôt conférencier motivateur. Si vos meilleurs amis sont des hommes oints du Saint Esprit, je ne serais pas surpris si vous aviez un jour un ministère semblable.

De nombreuses amitiés ont suscité les douces influences du Saint Esprit. Nous sommes plus touchés par nos amis que nous ne le savons. Beaucoup de gens sont plus touchés par leurs amis que par leurs pasteurs. D'une manière très subtile, vos amitiés ont un grand impact spirituel sur vous. La plupart des gens sont comme leurs amis. Pensez-y ! Laissez cette vérité vous pénétrer ! La plupart des gens ne sont pas comme leurs pasteurs. *La plupart des gens sont comme leurs amis !* C'est pourquoi les amitiés sont si importantes et c'est pourquoi l'onction et le Saint Esprit viendront dans votre vie par les amitiés.

Dix choses qui arrivent quand vous vous liez d'amitié avec quelqu'un

1. Quand vous vous liez d'amitié avec quelqu'un, vous devenez *son partenaire* sans même le savoir.

2. Quand vous vous liez d'amitié avec quelqu'un, vous *devenez son collègue.*

3. Quand vous vous liez d'amitié avec quelqu'un, vous *devenez un* avec lui.

4. Quand vous vous liez d'amitié avec quelqu'un, vous *l'aidez* de diverses façons.

5. Quand vous vous liez d'amitié avec quelqu'un, vous *circulez* avec lui.

6. Quand vous vous liez d'amitié avec quelqu'un, vous vous *mêlez* à lui.

7. Quand vous vous *liez* d'amitié avec quelqu'un, vous vous liez à lui.

8. Quand vous vous liez d'amitié avec quelqu'un, vous vous *joignez* à lui.

9. Quand vous vous liez d'amitié avec quelqu'un, vous avez *une profonde relation* à lui.

10. Quand vous vous liez d'amitié avec quelqu'un, vous créez des *liens* avec lui.

Chapitre 34

Comment recevoir l'Onction par « le milieu »

...afin qu'on les appelle des térébinthes de la justice, une plantation de l'Éternel.

Ésaïe 61,3

Il y a des milieux qui suscitent les douces influences du Saint Esprit. Vous êtes-vous déjà demandé pourquoi les pommiers ne poussent pas dans les régions tropicales de l'Afrique de l'Ouest ? Vous êtes-vous déjà demandé pourquoi les bananiers ne poussent pas en Angleterre ? La réponse est le « milieu ». Vous êtes le jardin de Dieu, et les arbres de Dieu ne poussent pas partout. Ils ont besoin d'un certain milieu pour se développer.

Le milieu est défini comme l'ensemble des conditions environnantes. Le milieu d'une personne est l'ensemble des circonstances, des personnes, des choses et des événements autour d'elle qui influencent sa vie. Le milieu est la zone dans laquelle quelque chose existe et vit.

De nombreux milieux bons et spirituels peuvent susciter l'onction.

Le milieu miraculeux et spirituel dans lequel les disciples ont vécu pendant trois ans les affecta grandement. Jean a déclaré qu'il avait vu, entendu et ressenti beaucoup de choses qui l'avaient affecté.

Ce qui était dès le commencement, ce que NOUS AVONS ENTENDU, ce que NOUS AVONS VU de nos yeux, ce que nous avons contemplé et que nos mains ont touché, concernant la parole de vie,

Car la vie a été manifestée, et NOUS L'AVONS VUE et nous lui rendons témoignage, et nous vous annonçons la vie éternelle, qui était auprès du Père et qui nous a été manifestée,

Ce que NOUS AVONS VU et entendu, nous vous l'annonçons, à vous aussi, afin que vous aussi vous soyez en communion avec nous. Or, notre communion est avec le Père et avec son Fils Jésus Christ.

1 Jean 1,1-3

Un milieu de pauvreté crée un certain type de personne. Certains milieux frappés par la pauvreté ont créé des hommes qui aiment la saleté et sont à l'aise avec les ordures accumulées autour d'eux. Les gens qui grandissent dans d'autres milieux où l'on voit de vieilles voitures, de vieux réfrigérateurs, de vieux pneus, de vieux poêles et des vêtements d'occasion, ont une définition différente de la beauté. Les gens qui grandissent dans un milieu de vraie beauté et sérénité créent inévitablement le même milieu pour eux-mêmes où qu'ils soient.

Le milieu qui produisait des gens qui murmuraient

Le milieu spirituel de mécontentement, de critique et de médisance crée des hommes déloyaux et des traitres. Un milieu crée un certain type de personne. Quand une personne grandit dans un milieu de critique, de murmure et de trahison, il n'est pas surprenant qu'elle devienne un Judas. C'est tout ce qu'elle n'a jamais connu – la trahison. C'est le seul milieu où elle a grandi. C'est tout ce qu'elle ne comprendra jamais.

J'ai rencontré un jour un pasteur qui avait grandi dans une église où la critique, la médisance, la calomnie et le murmure étaient de rigueur. Il ne fallut pas longtemps avant qu'il ne manifeste exactement ces mêmes caractéristiques. Peu de temps après, j'ai rencontré une autre personne qui venait de ce même milieu, et ce n'était pas mieux. Bientôt, j'avais rencontré plusieurs pasteurs et leaders chrétiens qui avaient grandi dans ce milieu. Chacun d'entre eux avait les mêmes traits de déloyauté et de trahison. Je fus forcé de conclure que leurs mauvais traits étaient le produit de leur milieu.

Dans quel type de milieu grandissez-vous ? Le milieu dans lequel vous êtes vous affectera mystérieusement !

Chapitre 35

Comment recevoir l'Onction par « la disponibilité »

L'association, l'amitié et le milieu vous exposent à des hommes du Saint Esprit. Grâce à votre association avec ces gens, l'influence du Saint Esprit augmentera dans votre vie.

Être disponible est la clé principale de l'association, de l'amitié et du milieu. Si vous n'êtes pas disponible, vous raterez l'occasion de certaines associations, amitiés et milieux clés.

Les gens qui vont et viennent rapidement et n'ont pas le temps de s'attarder ne développeront jamais certaines associations et amitiés. Ils ne se trouveront jamais sous les influences appropriées et ne bénéficieront jamais du milieu.

Quelqu'un qui est disponible n'est pas occupé. Il est libre de parler avec vous et d'entrer en relation avec vous. La plupart des gens ne veulent pas payer le prix de rencontrer une personne ointe.

La disponibilité vous permet d'apprendre, d'absorber et d'assimiler les leçons essentielles du ministère.

Trente choses que vous apprendrez en étant disponible

1. **Vous verrez les rouages cachés et internes du ministère, que le public ne voit pas.**

Vers le matin, pendant qu'il faisait encore très sombre, il se leva, et sortit pour aller dans un lieu désert, où il pria.

Marc 1,35

2. Vous apprendrez à être un ministre itinérant.

Pendant qu'Apollos était à Corinthe, PAUL, APRÈS AVOIR PARCOURU LES HAUTES PROVINCES DE L'ASIE, ARRIVA À ÉPHÈSE. Ayant rencontré quelques disciples, il leur dit : Avez-vous reçu le Saint Esprit, quand vous avez cru? Ils lui répondirent : Nous n'avons pas même entendu dire qu'il y ait un Saint Esprit.

Actes 19,1-2

3. Vous apprendrez comment l'échec arrive dans le ministère.

Lorsqu'ils furent arrivés près de la foule, un homme vint se jeter à genoux devant Jésus, et dit : Seigneur, aie pitié de mon fils, qui est lunatique, et qui souffre cruelle-ment ; il tombe souvent dans le feu, et souvent dans l'eau. Je l'ai amené à tes disciples, et ILS N'ONT PAS PU LE GUÉRIR.

Matthieu 17,14-16

4. Vous apprendrez à surmonter l'échec dans le ministère.

Alors les disciples s'approchèrent de Jésus, et lui dirent en particulier : Pourquoi n'avons-nous pu chasser ce démon ? C'est à cause de votre incrédulité, leur dit Jésus.

Je vous le dis en vérité, SI VOUS AVIEZ DE LA FOI comme un grain de sénevé, vous diriez à cette montagne : Transporte-toi d'ici là, et elle se transporterait ; rien ne vous serait impossible.

Matthieu 17,19-20

5. Vous apprendrez à survivre aux temps difficiles du ministère.

Trois fois j'ai été battu de verges, une fois j'ai été lapidé, trois fois j'ai fait naufrage, j'ai passé un jour et une nuit dans l'abîme.

Fréquemment en voyage, j'ai été en péril sur les fleuves, en péril de la part des brigands, en péril de la part de ceux de ma nation, en péril de la part des païens, en péril dans les villes, en péril dans les déserts, en péril sur la mer, en péril parmi les faux frères.

J'ai été dans le travail et dans la peine, exposé à de nombreuses veilles, à la faim et à la soif, à des jeûnes multipliés, au froid et à la nudité.

2 Corinthiens 11,25-27

6. **Vous apprendrez à faire face à la désertion dans le ministère.**

Car Démas M'A ABANDONNÉ, par amour pour le siècle présent, ET IL EST PARTI pour Thessalonique ; Crescens est allé en Galatie, Tite en Dalmatie. Luc seul est avec moi. Prends Marc, et amène-le avec toi, car il m'est utile pour le ministère.

2 Timothée 4,10-11

Dans ma première défense, PERSONNE NE M'A ASSISTÉ, mais tous m'ont abandonné. Que cela ne leur soit point imputé !

C'est le Seigneur qui m'a assisté et qui m'a fortifié, afin que la prédication fût accomplie par moi et que tous les païens l'entendissent. Et j'ai été délivré de la gueule du lion.

2 Timothée 4,16-17

7. **Vous apprendrez à faire face aux gens méchants dans le ministère.**

Quand tu viendras, apporte le manteau que j'ai laissé à Troas chez Carpus, et les livres, surtout les parchemins. Alexandre, le forgeron, m'a fait beaucoup de mal. Le Seigneur lui rendra selon ses œuvres. Garde-toi aussi de lui, car il s'est fortement opposé à nos paroles.

2 Timothée 4,13-15

8. Vous apprendrez ce qui touche à la faim et au jeûne.

J'ai été dans le travail et dans la peine, exposé à de nombreuses veilles, À LA FAIM ET À LA SOIF, à des jeûnes multipliés, au froid et à la nudité.

2 Corinthiens 11,27

9. Vous apprendrez à diriger des programmes de sensibilisation dans des communautés résistantes.

Ensuite Paul entra dans la synagogue, où il parla librement. Pendant trois mois, il discourut sur les choses qui concernent le royaume de Dieu, s'efforçant de persuader ceux qui l'écoutaient. Mais, comme QUELQUES-UNS RESTAIENT ENDURCIS et incrédules, décriant devant la multitude la voie du Seigneur, il se retira d'eux, sépara les disciples, et enseigna chaque jour dans l'école d'un nommé Tyrannus.

Actes 19,8-9

10. Vous apprendrez différents types de prière.

Ils ôtèrent donc la pierre. Et Jésus leva les yeux en haut, et dit : Père, je te rends grâces de ce que tu m'as exaucé. Pour moi, je savais que tu m'exauces toujours ; mais j'ai parlé à cause de la foule qui m'entoure, afin qu'ils croient que c'est toi qui m'as envoyé.

Jean 11,41-42

11. Vous apprendrez à vous excuser.

Le souverain sacrificateur Ananias ordonna à ceux qui étaient près de lui de le frapper sur la bouche.
Alors Paul lui dit : Dieu te frappera, muraille blanchie ! Tu es assis pour me juger selon la loi, et tu violes la loi en ordonnant qu'on me frappe ! Ceux qui étaient près de lui dirent : Tu insultes le souverain sacrificateur de Dieu !
ET PAUL DIT : JE NE SAVAIS PAS, FRÈRES, que ce fût le souverain sacrificateur ; car il est écrit : Tu ne parleras pas mal du chef de ton peuple.

Actes 23,2-5

12. Vous apprendrez à faire des petits boulots.

Lorsqu'ils furent rassasiés, il dit à ses disciples :
RAMASSEZ LES MORCEAUX qui restent, afin que rien
ne se perde.

Ils les ramassèrent donc, et ils remplirent douze paniers
avec les morceaux qui restèrent des cinq pains d'orge,
après que tous eurent mangé.

Jean 6,12-13

13. Vous recevrez l'onction.

Jésus leur dit de nouveau : la paix soit avec vous ! Comme
le Père m'a envoyé, moi aussi je vous envoie. Après ces
paroles, il souffla sur eux, et leur dit : RECEVEZ LE
SAINT ESPRIT.

Jean 20,21-22

14. Vous assimilerez l'esprit du ministère.

Il envoya devant lui des messagers, qui se mirent en
route et entrèrent dans un bourg des Samaritains, pour lui
préparer un logement. Mais on ne le reçut pas, parce qu'il
se dirigeait sur Jérusalem.

Les disciples Jacques et Jean, voyant cela, dirent : Seigneur,
veux-tu que nous commandions que le feu descende du
ciel et les consume ?

Jésus se tourna vers eux, et les réprimanda, disant : VOUS
NE SAVEZ DE QUEL ESPRIT VOUS ÊTES ANIMÉS.

Luc 9,52-55

15. Vous apprendrez à conseiller les gens.

Une femme de Samarie vint puiser de l'eau. JÉSUS LUI
DIT : Donne-moi à boire. Car ses disciples étaient allés à
la ville pour acheter des vivres.

La femme samaritaine lui dit : Comment toi, qui es
Juif, me demandes-tu à boire, à moi qui suis une femme
samaritaine ? — Les Juifs, en effet, n'ont pas de relations
avec les Samaritains.

Jésus lui répondit : Si tu connaissais le don de Dieu et qui est celui qui te dit : Donne-moi à boire ! tu lui aurais toi-même demandé à boire, et il t'aurait donné de l'eau vive.

Jean 4,7-10

16. Vous apprendrez à faire face à des cas difficiles.

Ils se rendirent à Bethsaïda ; et on amena vers Jésus un aveugle, qu'on le pria de toucher.

Il prit l'aveugle par la main, et le conduisit hors du village ; puis il lui mit de la salive sur les yeux, lui imposa les mains, et lui demanda s'il voyait quelque chose.

Il regarda, et dit : J'APERÇOIS LES HOMMES, MAIS J'EN VOIS COMME DES ARBRES, et qui marchent.

Jésus lui mit de nouveau les mains sur les yeux ; et, quand l'aveugle regarda fixement, il fut guéri, et vit tout distinctement.

Marc 8,22-25

17. Vous apprendrez à vous concentrer sur le ministère.

Voyant cela, tous murmuraient, et disaient : Il est allé loger chez un homme pécheur. Mais Zachée, se tenant devant le Seigneur, lui dit : Voici, Seigneur, je donne aux pauvres la moitié de mes biens, et, si j'ai fait tort de quelque chose à quelqu'un, je lui rends le quadruple.

Jésus lui dit : Le salut est entré aujourd'hui dans cette maison, parce que celui-ci est aussi un fils d'Abraham. Car le FILS DE L'HOMME EST VENU CHERCHER ET SAUVER ce qui était perdu.

Luc 19,7-10

18. Vous apprendrez ce qui touche aux mesures de sécurité dans le ministère.

VEILLE SUR TOI-MÊME et sur ton enseignement ; persévère dans ces choses, car, en agissant ainsi, tu te sauveras toi-même, et tu sauveras ceux qui t'écoutent.

1 Timothée 4,16

19. Vous apprendrez à voir le mal à l'avance.

En disant : O HOMMES, JE VOIS QUE LA NAVIGATION NE SE FERA PAS SANS PÉRIL et sans beaucoup de dommage, non seulement pour la cargaison et pour le navire, mais encore pour nos personnes.

Actes 27,10

20. Vous apprendrez ce qui touche aux risques du ministère.

Pendant qu'ils naviguaient, Jésus s'endormit. Un tourbillon fondit sur le lac, LA BARQUE SE REMPLISSAIT D'EAU, et ils étaient en péril.

Luc 8,23

21. Vous développerez des relations étroites.

On lui dit : Ta mère et tes frères sont dehors, et ils désirent te voir. Mais il répondit : Ma mère et MES FRÈRES, CE SONT CEUX qui écoutent la parole de Dieu, et qui la mettent en pratique.

Luc 8,20-21

22. Vous entendrez de grands secrets et écouterez des choses mystiques.

JÉSUS PRIT LES DOUZE AUPRÈS DE LUI, ET LEUR DIT : Voici, nous montons à Jérusalem, et tout ce qui a été écrit par les prophètes au sujet du Fils de l'homme s'accomplira. Car il sera livré aux païens ; on se moquera de lui, on l'outragera, on crachera sur lui, et, après l'avoir battu de verges, on le fera mourir ; et le troisième jour il ressuscitera.

Mais ils ne comprirent rien à cela ; c'était pour eux un langage caché, des paroles dont ils ne saisissaient pas le sens.

Luc 18,31-34

23. Vous apprendrez à être serviteur.

Mais Josaphat dit : N'y a-t-il ici aucun prophète de l'Éternel, par qui nous puissions consulter l'Éternel ? L'un des serviteurs du roi d'Israël répondit : Il y a ici Élisée, fils de Schaphath, QUI VERSAIT L'EAU SUR LES MAINS D'ÉLIE.

2 Rois 3,11

24. Vous apprendrez à entendre la voix de Dieu.

Et il dit à Samuel : Va, couche-toi ; et si l'on t'appelle, TU DIRAS : PARLE, Éternel, car ton serviteur écoute. Et Samuel alla se coucher à sa place. L'Éternel vint et se présenta, et il appela comme les autres fois : Samuel, Samuel ! Et Samuel répondit : Parle, car ton serviteur écoute.

1 Samuel 3,9-10

25. Vous apprendrez à travailler pendant de longues heures.

Le premier jour de la semaine, nous étions réunis pour rompre le pain. PAUL, qui devait partir le lendemain, S'ENTRETENAIT AVEC LES DISCIPLES, et il prolongea son discours JUSQU'À MINUIT.

Actes 20,7

26. Vous apprendrez à attendre patiemment votre leader.

Et il vint vers les disciples, qu'il trouva endormis, et il dit à Pierre : VOUS N'AVEZ DONC PU VEILLER UNE HEURE AVEC MOI ! Veillez et priez, afin que vous ne tombiez pas dans la tentation ; l'esprit est bien disposé, mais la chair est faible. Il s'éloigna une seconde fois, et pria ainsi : Mon Père, s'il n'est pas possible que cette coupe s'éloigne sans que je la boive, que ta volonté soit faite ! Il revint, et les trouva encore endormis ; car leurs yeux étaient appesantis.

Il les quitta, et, s'éloignant, il pria pour la troisième fois, répétant les mêmes paroles.

Matthieu 26,40-44

27. Vous aurez des expériences spirituelles qui sont importantes pour votre développement spirituel total.

Six jours après, Jésus prit avec lui Pierre, Jacques, et Jean, son frère, et IL LES CONDUISIT À L'ÉCART SUR UNE HAUTE MONTAGNE. Il fut transfiguré devant eux ; son visage resplendit comme le soleil, et ses vêtements devinrent blancs comme la lumière. Et voici, Moïse et Élie leur apparurent, s'entretenant avec lui.

Pierre, prenant la parole, dit à Jésus : Seigneur, il est bon que nous soyons ici ; si tu le veux, je dresserai ici trois tentes, une pour toi, une pour Moïse, et une pour Élie.

Comme il parlait encore, une nuée lumineuse les couvrit. Et voici, une voix fit entendre de la nuée ces paroles : Celui-ci est mon Fils bien-aimé, en qui j'ai mis toute mon affection : écoutez-le ! Lorsqu'ils entendirent cette voix, les disciples tombèrent sur leur face, et furent saisis d'une grande frayeur.

Matthieu 17,1-6

28. Vous apprendrez quand et comment exercer le ministère de l'Esprit.

Il dit : De quel baptême avez-vous donc été baptisés ? Et ils répondirent : Du baptême de Jean.

Alors Paul dit : Jean a baptisé du baptême de repentance, disant au peuple de croire en celui qui venait après lui, c'est-à-dire, en Jésus.

Sur ces paroles, ils furent baptisés au nom du Seigneur Jésus.

Lorsque PAUL LEUR EUT IMPOSÉ LES MAINS, le Saint Esprit vint sur eux, et ils parlaient en langues et prophétisaient.

Actes 19,3-6

29. Vous apprendrez quand et comment exercer le ministère de guérison.

A Lystre, se tenait assis un homme impotent des pieds, boiteux de naissance, et qui n'avait jamais marché. Il écoutait parler Paul. Et Paul, fixant les regards sur lui et VOYANT QU'IL AVAIT LA FOI POUR ÊTRE GUÉRI, dit d'une voix forte : Lève-toi droit sur tes pieds. Et il se leva d'un bond et marcha.

Actes 14,8-10

30. Vous apprendrez à entrer en relation avec ceux qui vous ont précédés dans le ministère.

Trois ans plus tard, je montai à Jérusalem pour faire la connaissance de Céphas, et je demeurai quinze jours chez lui.

Galates 1,18

Les livres de
Dag Heward-Mills

www.ingramcontent.com/pod-product-compliance
Lightning Source LLC
Chambersburg PA
CBHW061747020426
42331CB00006B/1382